मिर्गी (Epilepsy)
डर नहीं, जागरूकता

(एक सरल और सम्पूर्ण मार्गदर्शिका)

– लेखक –

बृजपाल सिंह चौहान

वैद्यविशारद & आयुर्वेदरत्न (हिन्दी साहित्य सम्मेलन, प्रयागराज)

◊

एन. डी.

(अंतर्राष्ट्रीय प्राकृतिक चिकित्सा एवं योग अनुसंधान संस्थान)

◊

सर्टीफाइड नीम थेरेपी प्रैक्टिसनर & इंटीग्रेटेड मेडीसिन

(श्रीधर यूनिवर्सिटी, पिलानी,राजस्थान)

◊

- कार्यकारी संपादक -

संकल्प शक्ति (राष्ट्रीय साप्ताहिक समाचार)

◊

- पूर्व प्रबंध संपादक -

सिद्धाश्रम पत्रिका (मासिक)

पुस्तक का नाम:
'मिर्गी (Epilepsy): डर नहीं, जागरूकता- एक सरल और सम्पूर्ण मार्गदर्शिका'
लेखक: बृजपाल सिंह चौहान

Blogspot; https://bschauhan09.blogspot.com
Blogspot; https://aayuplus.blogspot.com
Facebook; https://www.facebook.com/bschauhan09
Instagram; https://www.instagram.com/bschauhan09
X; https://x.com/bschauhan_09

ISBN-13: 9798904797485
प्रकाशक: Notion Press

वैधानिक चेतावनी - यह पुस्तक 'मिर्गी: डर नहीं, जागरूकता' केवल शैक्षिक उपयोग और सामान्य स्वास्थ्य जागरूकता के लिए है। इसे पेशेवर चिकित्सीय सलाह, निदान या उपचार का विकल्प न मानें। अपनी चल रही दवाइयों में कोई भी बदलाव करने या पुस्तक में बताए गए योग, आहार (Diet) व उपायों को अपनाने से पहले अपने डॉक्टर से अवश्य सलाह लें। आपात स्थिति में तुरंत नज़दीकी अस्पताल में संपर्क करें। इस जानकारी के उपयोग से होने वाले किसी भी प्रभाव या परिणाम के लिए पाठक स्वयं ज़िम्मेदार होंगे; लेखक- बृजपाल सिंह चौहान या प्रकाशक इसके लिए उत्तरदायी नहीं हैं।

मूल्य – रुपया 300 /

SHRADDHAVANAT SAMARPAN

श्रद्धावनत समर्पण

A DEEP DEDICATION

यह कृति उस परम चेतना, आदिशक्ति प्रकृतिसत्ता माता भगवती जगज्जननी जगदंबा जी और युग चेतना पुरुष परमपूज्य सद्गुरुदेव परमहंस योगीराज श्री शक्तिपुत्र जी महाराज व पूजनीया शक्तिमई माता जी के श्रीचरणों में पूर्णतः समर्पित है। यह मात्र एक पुस्तक नहीं, बल्कि उनकी असीम अनुकंपा का प्रसाद है, जिन्होंने न केवल हमारे भीतर सुप्त प्राणों का संचार किया है, अपितु अज्ञानता के अंधकार को मिटाकर प्रतिपल एक मशाल की भांति हमारा धर्ममय आध्यात्मिक मार्गदर्शन किया है।

साथ ही, यह पुस्तक उन सभी सजग एवं प्रबुद्ध पाठकों को सादर समर्पित है, जिन्होंने आधुनिक रसायनों और कृत्रिमता के भ्रामक मायाजाल को पहचानकर, उससे बाहर निकलने का दृढ़ निश्चय किया है। यह समर्पण आप सभी के उस अदम्य साहस को है, जिसने अपनी समृद्ध विरासत पर विश्वास जताते हुए, अपनी 'रसोई' के प्राचीन ज्ञान और अपनी 'माटी' की सोंधी खुशबू में सच्चे स्वास्थ्य की संजीवनी को खोजने का साहसिक कदम उठाया है। इस 'जागरूकता' और 'मार्गदर्शन' के पथ पर, गुरुओं और पाठकों का यह अटूट विश्वास ही **'डर नहीं, जागरूकता' का आधार है।**

बृजपाल सिंह चौहान (गुरु सेवक)

अनुक्रमणिका

श्रद्धावनत समर्पण -- 03

प्रस्तावना -- 07

- किताब लिखने का उद्देश्य।
- मिर्गी से जुड़ी सामाजिक सोच।

लेखक परिचय -- 09

अध्याय 1: मिर्गी क्या है? -- 11

- मिर्गी की सरल परिभाषा
- हमारा दिमाग: शरीर का 'सुपर कंप्यूटर'
- मिर्गी का असल कारण: दिमाग का 'शॉर्ट सर्किट'
- दौरा और मिर्गी (Epilepsy) में क्या अंतर है?
- मिर्गी किसे हो सकती है?
- मेडिकल शब्दों के सरल अर्थ

अध्याय 2: दौरे के प्रकार और लक्षण -------------------------------- 17

- क्या हर बेहोशी मिर्गी है?
- दौरों के प्रकार
- ऑरा: दौरे से पहले आने वाली चेतावनी।

अध्याय 3: मिर्गी के कारण और ट्रिगर्स ----------------------------- 25

- मिर्गी के मुख्य कारण (बीमारी की जड़)
- ट्रिगर्स (दौरा लाने वाले कारण)
- मुश्किल शब्दों का आसान 'शब्दकोश'

अध्याय 4: समाज की भ्रांतियां और सच्चाई ----------------------- 33

- अंधविश्वास 1: क्या यह भूत-प्रेत साया है
- अंधविश्वास 2: जूता या प्याज सुंघाने से
- अंधविश्वास 3: मुंह में चम्मच डाल देनी चाहिए
- अंधविश्वास 4: मिर्गी छूत की बीमारी है।

- अंधविश्वास 5: मिर्गी वाले लोग 'पागल
- अंधविश्वास 6: मिर्गी के मरीज शादी नहीं
- अंधविश्वास 7: मिर्गी का कोई इलाज नहीं है

अध्याय 5: दौरा पड़ने पर क्या करें और क्या न करें? -------------- 43

- क्या करें- जान बचाने के 6 सुनहरे नियम
- क्या न करें- वे गलतियां जो जानलेवा साबित हो
- एम्बुलेंस या डॉक्टर को कब बुलाएं?
- फोकल सीज़र (हल्के दौरे) में क्या करें?

अध्याय 6: डॉक्टरी जाँच (Diagnosis) --------------------------- 53

- बीमारी की जड़ तक कैसे पहुँचें?
- मेडिकल शब्दों के अर्थ
- खून की जाँच - बाहरी कारणों की तलाश
- EEG: दिमाग की तरंगें नापने की मशीन।
- MRI: दिमाग की अंदरूनी फोटो खींचने वाली
- मुश्किल शब्दों का आसान 'शब्दकोश'

अध्याय 7: मिर्गी का सम्पूर्ण और एकीकृत इलाज ----------------- 63

- एलोपैथी: मुख्य और ज़रूरी इलाज।
- प्राकृतिक चिकित्सा और आहार
- आयुर्वेद: नसों का प्राकृतिक पोषण।
- होम्योपैथी: मूल कारण का इलाज
- योग और ध्यान: तनाव कम करने के लिए

अध्याय 8: महिलाओं और बच्चों में मिर्गी ---------------------------- 79

- महिलाएं और मिर्गी
- बच्चे और मिर्गी
- मुश्किल शब्दों का आसान 'शब्दकोश'

अध्याय 9: मिर्गी के साथ एक सामान्य जीवन --------------------- 87

- मिर्गी के मरीजों का मानसिक स्वास्थ्य
- दैनिक जीवन और कुछ ज़रूरी नियम
- ड्राइविंग, तैराकी, और नौकरी
- मेडिकल आईडी कार्ड - आपका रक्षक

- बीमारी को छुपायें नहीं, इसे स्वीकार करें
- मुश्किल शब्दों का आसान 'शब्दकोश'

अध्याय 10: प्रेरणा की एक किरण दुनिया की महान हस्तियां ----- 95

- जूलियस सीज़र - एक अजेय योद्धा और सम्राट
- अल्फ्रेड नोबेल - विज्ञान का चमकता सितारा
- जोंटी रोड्स - क्रिकेट के मैदान का जादूगर
- सुकरात - ज्ञान और दर्शन का सागर
- इन महान कहानियों का संदेश

अध्याय 11: निष्कर्ष- डर का अंत ------------------------------------ 99

- मिर्गी एक आम बीमारी है, कोई कलंक नहीं
- विज्ञान और दवा ही असल 'जादू' है
- सही फर्स्ट-एड अपनाकर जीवन रक्षक बनें
- एकीकृत इलाज - शरीर और मन दोनों की हीलिंग
- सहानुभूति नहीं, समानता और सम्मान दें
- एक नई शुरुआत...

अध्याय 12: संसाधन और संदर्भ ---------------------------------- 103

- प्रमुख स्वास्थ्य संगठन
- जाँच, निदान और उपचार
- एकीकृत चिकित्सा और योग
- फर्स्ट-एड और जागरूकता
- विशेष स्थितियां और प्रेरणा

शुभ कामनायें --- 108

प्रस्तावना

सभी पाठकों से जय माता की,

जब मैंने इस किताब को लिखने का विचार किया, तो मेरे मन में बस एक ही लक्ष्य था- एक ऐसी मार्गदर्शिका (Guide) तैयार करना जो मिर्गी जैसे गंभीर और जटिल विषय को हमारे समाज के हर व्यक्ति तक बिल्कुल सरल, सच्ची और आम बोलचाल की हिंदी भाषा में पहुँचा सके। अक्सर अस्पतालों के चक्कर काटते मरीजों और उनके परिवारों को भारी-भरकम अंग्रेजी मेडिकल शब्दों के जाल में उलझते हुए देखा है। जानकारी के अभाव में वे घबरा जाते हैं। मैं चाहता था कि यह ज्ञान केवल क्लिनिक के बंद कमरों या मेडिकल की मोटी किताबों तक सीमित न रहे, बल्कि हमारे देश के हर घर, हर गाँव और हर आम इंसान की समझ का हिस्सा बने।

मिर्गी से जुड़ी सामाजिक सोच को बदलने की एक पहल: समाज में फैले अंधविश्वासों और अज्ञानता के कारण मैंने कई लोगों को इस बीमारी से बेवजह जूझते और डरते देखा है। एक मरीज को दौरे की तकलीफ सिर्फ कुछ मिनटों के लिए होती है, लेकिन समाज के ताने, छुआछूत की भावना और 'भूत-प्रेत' या 'ऊपरी साये' जैसे अंधविश्वास उसे जीवन भर का मानसिक दर्द देते हैं। यह देखकर मुझे हमेशा पीड़ा होती थी कि कैसे सही जानकारी न होने के कारण लोग झाड़-फूंक के चक्कर में पड़कर इलाज का सबसे कीमती समय बर्बाद कर देते हैं।

प्राकृतिक चिकित्सा (Naturopathy) और योग के क्षेत्र में अपने गहन अध्ययन, शोध और अनुभव के दौरान मैंने गहराई से यही सीखा है कि इंसान का शरीर और दिमाग अलग-अलग हिस्से नहीं हैं; वे एक साथ मिलकर काम करते हैं। मिर्गी जैसी न्यूरोलॉजिकल समस्या को भी केवल रसायनों (दवाओं) के भरोसे नहीं छोड़ा जा सकता। दवाइयां उस 'शॉर्ट सर्किट' को तुरंत रोकती हैं, यह सच है, लेकिन शरीर को अंदर से मज़बूत बनाने के लिए सही जीवनशैली, ध्यान, पौष्टिक आहार (डाइट), और सबसे बढ़कर 'सही ज्ञान' की आवश्यकता होती है। इसी समग्र (Holistic) और

प्राकृतिक दृष्टिकोण को मैंने इस किताब के माध्यम से आप तक पहुँचाने की एक ईमानदार कोशिश की है।

मेरा दृढ़ विश्वास है कि 'ज्ञान ही सबसे बड़ी दवा है।' जब हम किसी चीज़ के पीछे के विज्ञान को समझ लेते हैं, तो हम उससे डरना बंद कर देते हैं। अज्ञानता हमें डराती है, जबकि ज्ञान हमें सशक्त (Empower) बनाता है। मुझे पूरी उम्मीद है कि इस किताब के आखिरी पन्ने तक पहुँचते-पहुँचते, मिर्गी को लेकर आपका नज़रिया पूरी तरह से बदल गया होगा। अब आप दौरे को देखकर घबराएंगे नहीं, बल्कि एक रक्षक बनकर सामने आएंगे।

अगर इस किताब में दी गई जानकारी से समाज के एक भी व्यक्ति की जान बचती है, किसी एक मरीज के मन का खौफ कम होता है, या कोई एक परिवार अंधविश्वास का रास्ता छोड़कर सही मेडिकल इलाज और प्राकृतिक जीवनशैली की तरफ बढ़ता है, तो मैं अपनी इस लेखनी और अपने इस प्रयास को पूरी तरह से सफल मानूंगा।

अब आप केवल इस किताब के पाठक नहीं हैं, बल्कि समाज में जागरूकता फैलाने वाले एक नए सिपाही हैं। इस ज्ञान को अपने तक सीमित न रखें, इसे बांटें।

इस वैचारिक सफर में मेरे साथ जुड़ने और मुझ पर विश्वास जताने के लिए आपका हृदय से धन्यवाद।

स्वस्थ रहें, जागरूक रहें और हमेशा सकारात्मक रहें!

- बृजपाल सिंह चौहान

लेखक परिचय

बृजपाल सिंह चौहान एक समर्पित लेखक, प्राकृतिक चिकित्सक और स्वास्थ्य व अध्यात्म के गहरे अध्येता हैं।

अध्यात्म, प्राकृतिक चिकित्सा, योग और प्राकृतिक जीवनशैली के प्रति उनका गहरा रुझान है। वे इस सिद्धांत पर दृढ़ता से विश्वास करते हैं कि इंसान का शरीर और दिमाग एक ही ईकाई है, और किसी भी बीमारी को सिर्फ दवाओं से नहीं, बल्कि सही जीवनशैली और सटीक ज्ञान के ज़रिए पूरी तरह से जीता जा सकता है।

बृजपाल जी का मुख्य उद्देश्य समाज में फैले अंधविश्वासों को मिटाना और जटिल विषयों को बेहद सरल, आधुनिक और आम बोलचाल की भाषा में लोगों तक पहुँचाना है। वे अपने ब्लॉग - "आयुप्लस" और निरंतर लेखन के माध्यम से स्वास्थ्य और जन-जागरूकता के क्षेत्र में सक्रिय योगदान दे रहे हैं। इसके साथ ही, वे पौराणिक कथाओं के वैज्ञानिक और आधुनिक विश्लेषण जैसे गहन विषयों पर भी गंभीरता से लेखन कार्य कर रहे हैं।

यह किताब, समाज को अज्ञानता के अंधेरे से निकालकर स्वास्थ्य और विज्ञान की रोशनी की तरफ ले जाने के उनके निरंतर प्रयासों का ही एक सुंदर परिणाम है।

मिर्गी (Epilepsy): डर नहीं, जागरूकता

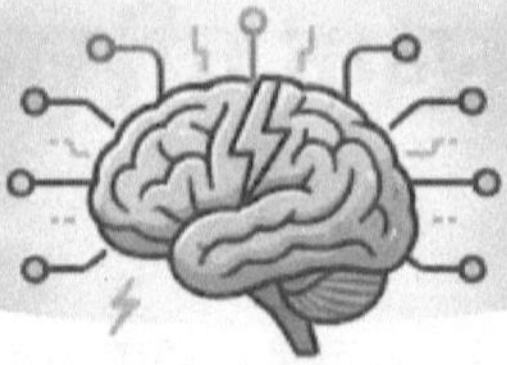

मस्तिष्क में असामान्य विद्युत गतिविधि के कारण होने वाली एक सामान्य न्यूरोलॉजिकल स्थिति।

मिथक	तथ्य
मिर्गी एक मानसिक बीमारी है।	नहीं, यह एक न्यूरोलॉजिकल स्थिति है।
मिर्गी संक्रामक है।	नहीं, यह छूत की बीमारी नहीं है।
दौरे के समय मुंह में कुछ डालना चाहिए।	बिल्कुल नहीं! मरीज को करवट दिलाएं और शांत रहें।
मिर्गी के रोगी सामान्य जीवन नहीं जी सकते।	सही उपचार और जागरूकता के साथ, वे खुश और सक्रिय जीवन जी सकते हैं।

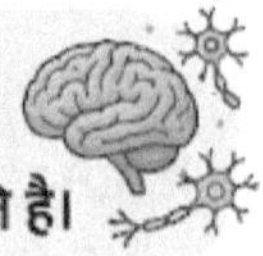

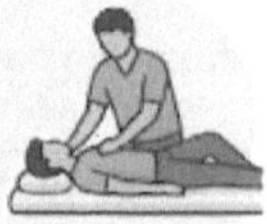

जागरूकता का प्रभाव

सही जानकारी से हम डर को दूर कर सकते हैं, समर्थन दे सकते हैं और समानता सुनिश्चित कर सकते हैं।

इस महत्वपूर्ण पुस्तक को पढ़ें और जागरूकता फैलाएं!

अध्याय - 01

मिर्गी क्या है?

(What is Epilepsy?)

मिर्गी क्या है?

जब भी हमारे घरों में, आस-पड़ोस में या किसी सार्वजनिक स्थान पर हम किसी व्यक्ति को अचानक गिरते और कांपते हुए देखते हैं, तो अक्सर हमारे मन में एक अजीब सा डर और घबराहट बैठ जाती है। लोग तुरंत उस व्यक्ति को घेर लेते हैं, कोई पानी छिड़कता है, कोई जूते सुंघाने लगता है, तो कोई इसे किसी 'ऊपरी हवा' या 'भूत-प्रेत' का साया मान बैठता है। समाज में 'मिर्गी' या 'दौरा' शब्द को लेकर इतनी भ्रांतियां और खौफ है कि लोग इसके बारे में खुलकर बात करने से भी कतराते हैं।

लेकिन सच्चाई इसके बिल्कुल उलट है। मिर्गी कोई भूत-प्रेत का साया, किसी पिछले जन्म का पाप या कोई रहस्यमयी छूत की बीमारी नहीं है। यह हमारे शरीर के सबसे महत्वपूर्ण और जटिल हिस्से- यानी हमारे दिमाग (Brain) की एक बेहद साधारण सी मेडिकल समस्या है। जैसे पेट में गड़बड़ी होने पर दस्त लगते हैं, या फेफड़ों में इंफेक्शन होने पर खांसी आती है, ठीक वैसे ही दिमाग की नसों में होने वाली एक गड़बड़ी का नाम 'मिर्गी' है।

इस बीमारी को गहराई से और आसान भाषा में समझने के लिए, हमें सबसे पहले यह समझना होगा कि हमारा दिमाग काम कैसे करता है।

हमारा दिमाग: शरीर का 'सुपर कंप्यूटर'

हमारा दिमाग एक बहुत बड़े, बेहद स्मार्ट और शक्तिशाली कंप्यूटर की तरह है। यह कंप्यूटर हमारे पूरे शरीर को कंट्रोल करता है- हमारा चलना, बोलना, सोचना, हंसना, रोना, और यहाँ तक कि हमारी दिल की धड़कन और सांस लेना भी इसी दिमाग के कंट्रोल में है।

इस ‘सुपर कंप्यूटर’ के अंदर अरबों की संख्या में छोटी-छोटी नसें या कोशिकाएं होती हैं, जिन्हें विज्ञान की भाषा में ‘न्यूरॉन्स’ (Neurons) कहा जाता है। आप इन न्यूरॉन्स को हमारे शरीर के बिजली के तारों (Electrical wires) की तरह समझ सकते हैं।

जिस तरह हमारे घर में बिजली के तारों के जरिए हल्का सा करंट बहता है और उसी करंट से पंखा, टीवी या फ्रिज काम करते हैं, ठीक उसी तरह हमारे दिमाग के इन अरबों न्यूरॉन्स के बीच भी हर समय हल्की-हल्की बिजली (Electrical signals या impulses) पैदा होती रहती है और बहती रहती है। इसी बिजली के संदेशों की मदद से हमारा दिमाग हमारे शरीर के अलग-अलग हिस्सों को काम करने का आदेश देता है। उदाहरण के लिए, जब आप अपना हाथ उठाना चाहते हैं, तो दिमाग में एक हल्का सा बिजली का सिग्नल पैदा होता है, वह नसों के तार से होता हुआ आपके हाथ तक पहुँचता है, और आपका हाथ उठ जाता है। यह सब इतनी तेजी से होता है कि हमें इसका अहसास भी नहीं होता। एक स्वस्थ इंसान के दिमाग में यह बिजली का बहाव बहुत ही शांत, संतुलित और एक तय नियम (Rhythm) के अनुसार चलता है।

मिर्गी का असल कारण: दिमाग का ‘शॉर्ट सर्किट’

अब सवाल यह उठता है कि मिर्गी के दौरान इस शांत दिमाग में ऐसा क्या होता है कि इंसान अपना संतुलन खो बैठता है?

इसे समझने के लिए फिर से घर की बिजली का उदाहरण लेते हैं। आपने कभी न कभी देखा होगा कि घर के तारों में अचानक से बहुत ज्यादा करंट आ जाने या दो तारों के आपस में टकरा जाने से ‘शॉर्ट सर्किट’ (Short Circuit) हो जाता है। शॉर्ट सर्किट होते ही चिंगारी निकलती है और घर की लाइट कुछ देर के लिए गुल हो जाती है या पंखा-टीवी अजीब आवाज़ करने लगता है।

बिल्कुल यही स्थिति मिर्गी के मरीज के दिमाग में होती है। कभी-कभी, किसी कारण से (जिसके बारे में हम आगे के अध्यायों में पढ़ेंगे), दिमाग के न्यूरॉन्स (नसों) में अचानक से सामान्य से बहुत ज्यादा बिजली पैदा हो जाती है। दिमाग के

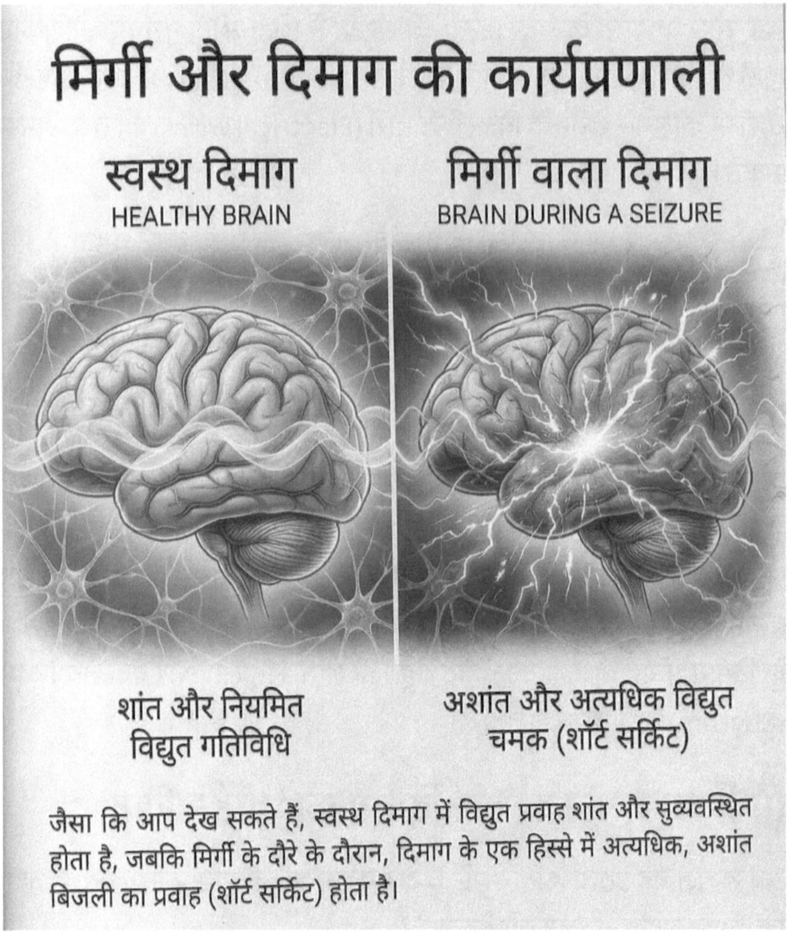

जैसा कि आप देख सकते हैं, स्वस्थ दिमाग में विद्युत प्रवाह शांत और सुव्यवस्थित होता है, जबकि मिर्गी के दौरे के दौरान, दिमाग के एक हिस्से में अत्यधिक, अशांत बिजली का प्रवाह (शॉर्ट सर्किट) होता है।

तारों में एक तरह का 'इलेक्ट्रिकल तूफान' या शॉर्ट सर्किट आ जाता है।

जब दिमाग में यह शॉर्ट सर्किट होता है, तो दिमाग के काम करने की सामान्य लय बिगड़ जाती है और वह कुछ सेकंड या मिनटों के लिए शरीर पर से अपना कंट्रोल पूरी तरह या आंशिक रूप से खो देता है। दिमाग से शरीर के अंगों को गलत या बहुत तेज़ सिग्नल मिलने लगते हैं। इसी शॉर्ट सर्किट के असर के कारण इंसान अचानक बेहोश होकर गिर सकता है, उसके हाथ-पैर तेजी से फड़कने या कांपने लग सकते हैं, उसकी आंखें पलट सकती हैं, या वह कुछ पल के लिए बिल्कुल सुन्न होकर हवा में घूर सकता है। शरीर की इसी अनियंत्रित हरकत को हम आम भाषा में 'दौरा पड़ना' कहते हैं। जैसे ही दिमाग में वह अतिरिक्त बिजली का तूफान

शांत होता है, शॉर्ट सर्किट खत्म हो जाता है और व्यक्ति धीरे-धीरे फिर से सामान्य हो जाता है।

दौरा और मिर्गी (Epilepsy) में क्या अंतर है?

अक्सर लोग 'दौरे' और 'मिर्गी' को एक ही चीज़ मान लेते हैं, लेकिन मेडिकल विज्ञान में इन दोनों के बीच एक बहुत ही महत्वपूर्ण अंतर है। इसे समझना हर व्यक्ति के लिए ज़रूरी है:

01. दौरा (Seizure): यह सिर्फ एक घटना है। यह वह समय है जब दिमाग में शॉर्ट सर्किट हुआ। जीवन में किसी भी इंसान को कभी भी एक बार दौरा पड़ सकता है। उदाहरण के लिए, अगर किसी छोटे बच्चे को बहुत तेज़ बुखार आ जाए, किसी के सिर में गहरी चोट लग जाए, या शरीर में अचानक शुगर लेवल बहुत कम हो जाए, तो उसे दौरा पड़ सकता है। लेकिन जीवन में सिर्फ एक बार दौरा पड़ने का मतलब यह बिल्कुल नहीं है कि उस इंसान को मिर्गी की बीमारी है।

02.मिर्गी (Epilepsy): जब किसी व्यक्ति के दिमाग की बनावट या काम करने के तरीके में कुछ ऐसा स्थायी बदलाव आ जाता है कि उसे बिना किसी बाहरी कारण (जैसे बुखार या चोट) के, बार-बार दौरे पड़ने लगते हैं, तब उस मेडिकल स्थिति को 'मिर्गी' (Epilepsy) कहा जाता है। आसान शब्दों में कहें तो- दौरा एक लक्षण है, और जब ये लक्षण बार-बार लौटकर आते हैं, तो उस बीमारी को मिर्गी कहते हैं।

मिर्गी किसे हो सकती है?

मिर्गी किसी भी व्यक्ति को हो सकती है। यह किसी विशेष जाति, धर्म, गरीब या अमीर को देखकर नहीं आती। यह एक छोटे से नवजात बच्चे से लेकर एक बुजुर्ग व्यक्ति तक, और महिलाओं से लेकर पुरुषों तक, किसी को भी हो सकती है। दुनिया भर में करोड़ों लोग इस बीमारी के साथ पैदा होते हैं या जीवन के किसी पड़ाव पर इसका शिकार हो जाते हैं। इसलिए, अगर किसी को मिर्गी है, तो इसमें शर्मिंदा होने या खुद को दूसरों से अलग समझने की कोई ज़रूरत नहीं है।

मुश्किल डॉक्टरी शब्दों का आसान 'शब्दकोश'

जब आप किसी अस्पताल में जाते हैं, तो डॉक्टर अक्सर कुछ भारी-भरकम अंग्रेजी मेडिकल शब्दों का इस्तेमाल करते हैं, जिन्हें सुनकर मरीज और उसके घरवाले घबरा जाते हैं। आइए, इस अध्याय को खत्म करने से पहले कुछ सबसे आम शब्दों का सीधा और सरल मतलब समझते हैं:

न्यूरोलॉजिस्ट (Neurologist):

आसान अर्थ: दिमाग, रीढ़ की हड्डी और नसों की बीमारियों का विशेषज्ञ डॉक्टर। मिर्गी का इलाज मुख्य रूप से एक न्यूरोलॉजिस्ट ही करता है।

न्यूरोलॉजिकल डिसऑर्डर (Neurological Disorder):

आसान अर्थ: 'न्यूरो' का मतलब होता है नसें या दिमाग, और 'डिसऑर्डर' का मतलब है काम करने में गड़बड़ी। इसका मतलब है कि दिमाग या नसों के काम करने के तरीके में कोई खराबी आ गई है। मिर्गी एक न्यूरोलॉजिकल डिसऑर्डर है। यह कोई 'पागलपन' या मानसिक बीमारी (Mental illness) नहीं है।

सेंट्रल नर्वस सिस्टम (Central Nervous System):

आसान अर्थ: हमारा दिमाग और हमारी रीढ़ की हड्डी मिलकर हमारे शरीर का मेन कंट्रोल रूम बनाते हैं, जिसे सेंट्रल नर्वस सिस्टम कहा जाता है।

ईईजी (EEG - Electroencephalogram):

आसान अर्थ: यह एक मशीन और टेस्ट का नाम है। जैसे दिल की धड़कन नापने के लिए ECG (ईसीजी) किया जाता है, वैसे ही दिमाग की नसों में बहने वाली बिजली (करंट) की गड़बड़ी को नापने और शॉर्ट सर्किट का पता लगाने के लिए सिर पर छोटे-छोटे तार लगाकर जो टेस्ट किया जाता है, उसे ईईजी कहते हैं।

अध्याय - 02

दौरे के प्रकार और लक्षण

क्या हर बेहोशी मिर्गी है?

दौरे के प्रकार और लक्षण

क्या हर बेहोशी मिर्गी है?

फिल्मों और टीवी सीरियल्स में हमने अक्सर मिर्गी का सिर्फ एक ही रूप देखा है- इंसान का अचानक ज़मीन पर गिरना, आँखें पलटना, मुँह से झाग आना और शरीर का बुरी तरह कांपना। इस वजह से हमारे समाज में यह धारणा बन गई है कि मिर्गी हमेशा ऐसी ही दिखती है।

लेकिन मेडिकल विज्ञान की सच्चाई इससे बहुत अलग है! क्या आप जानते हैं कि कभी-कभी किसी इंसान का सिर्फ 10 सेकंड के लिए शून्य में घूरना (Blank stare) या बैठे-बैठे अचानक होठों को चबाना भी मिर्गी का एक दौरा हो सकता है?

जी हाँ, सभी दौरे एक जैसे नहीं होते। पहले अध्याय में हमने पढ़ा था कि मिर्गी दिमाग के तारों में होने वाला 'शॉर्ट सर्किट' है। अब यह शॉर्ट सर्किट दिमाग के किस हिस्से में हो रहा है और कितनी दूर तक फैल रहा है, इसी आधार पर मिर्गी के लक्षण और प्रकार तय होते हैं।

आइए इसे बिल्कुल आसान भाषा में समझते हैं। मुख्य रूप से दौरों को दो बड़ी श्रेणियों (Categories) में बांटा जाता है:

1. फोकल सीज़र: जब शॉर्ट सर्किट दिमाग के सिर्फ एक हिस्से में हो

मान लीजिए आपके घर के सिर्फ एक कमरे की वायरिंग में गड़बड़ी हुई है, तो केवल उसी कमरे की लाइट बुझेगी, बाकी पूरे घर में रोशनी रहेगी।

ठीक इसी तरह, जब दिमाग के अरबों न्यूरॉन्स में से केवल किसी एक छोटे हिस्से में 'शॉर्ट सर्किट' (अतिरिक्त बिजली) होता है, तो उसे 'फोकल सीज़र' कहते हैं। चूँकि दिमाग का हर हिस्सा शरीर के अलग-अलग अंगों को कंट्रोल करता है, इसलिए यह दौरा कैसा दिखेगा, यह इस बात पर निर्भर करेगा कि शॉर्ट सर्किट दिमाग के किस हिस्से में हुआ है।

इसके लक्षण कुछ इस प्रकार हो सकते हैं:

- **शरीर के एक हिस्से का फड़कना**: मरीज के सिर्फ एक हाथ, एक पैर या चेहरे के एक हिस्से में अचानक कंपन या झटके लगने शुरू हो जाते हैं।
- **अजीब सी भावनाएं (Emotions)**: बिना किसी बात के अचानक बहुत तेज़ डर लगना, रोने का मन करना या अचानक बहुत खुशी महसूस होना।
- **इंद्रियों (Senses) का धोखा**: कुछ अजीब सी महक आना (जो असल में वहाँ है ही नहीं), मुँह में अजीब सा स्वाद आना, या पेट में ऐसी हलचल होना जैसे कोई झूला झूलते समय होती है।
- **सुन्न हो जाना**: व्यक्ति कुछ पलों के लिए अपने आस-पास से कट जाता है। आँखें खुली रहती हैं, लेकिन वह आपकी बात का जवाब नहीं देता। वह बार-बार अपने कपड़े खींचने या होठ चबाने जैसी अजीब हरकतें कर सकता है।

'ऑरा' (Aura) - दौरे की चेतावनी की घंटी: -

फोकल सीज़र की शुरुआत में मरीज को अक्सर एक अजीब सी फीलिंग होती है। उसे पहले ही अहसास हो जाता है कि "मुझे दौरा पड़ने वाला है।" इस चेतावनी वाली फीलिंग को डॉक्टरी भाषा में 'ऑरा' (Aura) कहते हैं। यह किसी अजीब सी गंध, पेट में गैस जैसी फीलिंग या आँखों के सामने चमकते हुए तारों के रूप में

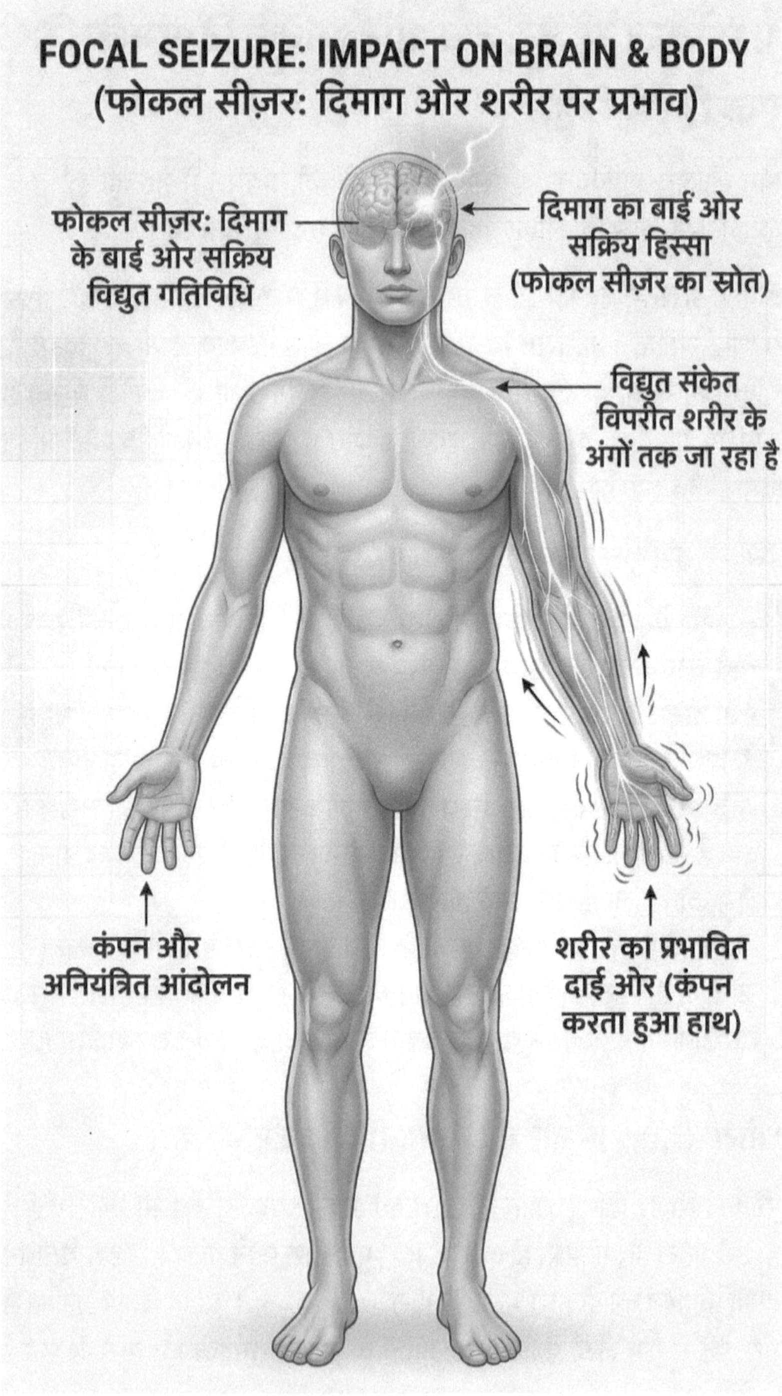
FOCAL SEIZURE: IMPACT ON BRAIN & BODY
(फोकल सीज़र: दिमाग और शरीर पर प्रभाव)
फोकल सीज़र: दिमाग के बाईं ओर सक्रिय विद्युत गतिविधि
दिमाग का बाईं ओर सक्रिय हिस्सा (फोकल सीज़र का स्रोत)
विद्युत संकेत विपरीत शरीर के अंगों तक जा रहा है
कंपन और अनियंत्रित आंदोलन
शरीर का प्रभावित दाईं ओर (कंपन करता हुआ हाथ)

महसूस हो सकती है। यह ऑरा मरीज के लिए बहुत मददगार होती है, क्योंकि यह उसे सुरक्षित जगह पर बैठने का समय दे देती है।

2. जनरलाइज्ड सीज़र: जब शॉर्ट सर्किट पूरे दिमाग में फैल जाए

अगर शॉर्ट सर्किट घर के मेन मीटर में हो जाए, तो पूरे घर की लाइट एक साथ चली जाती है।

इसी तरह, जब दिमाग की अतिरिक्त बिजली सिर्फ एक हिस्से में न रहकर एक ही पल में पूरे दिमाग (दाएँ और बाएँ दोनों हिस्सों) में फैल जाती है, तो उसे 'जनरलाइज्ड सीज़र' कहते हैं।

यह सबसे आम और सबसे ज्यादा पहचाना जाने वाला दौरा है। इसके भी कुछ अलग-अलग प्रकार होते हैं, जिनमें से दो सबसे प्रमुख हैं:

A. टॉनिक-क्लोनिक सीज़र:

यह वह दौरा है जिसे लोग आमतौर पर मिर्गी मानते हैं। इसमें दो चीजें होती हैं:

- **टॉनिक**: शरीर की सारी मांसपेशियां अचानक एकदम सख्त हो जाती हैं। व्यक्ति अपनी सुधबुध खोकर ज़मीन पर गिर जाता है।
- **क्लोनिक**: इसके तुरंत बाद शरीर में तेज़ झटके लगने शुरू हो जाते हैं। हाथ-पैर तेजी से कांपते हैं।
- **अन्य लक्षण**: इस दौरान मरीज के मुँह से झाग आ सकता है, जीभ दांतों के बीच कट सकती है और कभी-कभी कपड़ों में ही पेशाब निकल सकता है। यह दौरा आमतौर पर 1 से 3 मिनट तक चलता है और फिर अपने आप रुक जाता है।

B. एब्सेंस सीज़र (गुमसुम हो जाना):

यह दौरा मुख्य रूप से बच्चों में देखा जाता है और इसे पहचानना बहुत मुश्किल होता है। इसमें बच्चा गिरता नहीं है और न ही कांपता है। वह बस जो काम कर रहा

होता है, अचानक रुक जाता है और 10 से 20 सेकंड के लिए शून्य में घूरने लगता है (जैसे खुली आँखों से कोई सपना देख रहा हो)। पलकें तेज़ी से झपक सकती हैं।

- **सामाजिक समस्या**: अक्सर स्कूल में टीचर या माता-पिता सोचते हैं कि बच्चा पढ़ाई में ध्यान नहीं दे रहा है या जानबूझकर उनकी बात अनसुनी कर रहा है, जबकि असल में बच्चे के दिमाग में उस समय एक छोटा सा 'शॉर्ट सर्किट' चल रहा होता है।

क्या हर बेहोशी मिर्गी है?

यह समाज का एक और बड़ा सवाल है। किसी को बस स्टैंड पर या धूप में बेहोश होकर गिरते देख लोग तुरंत उसे मिर्गी मान लेते हैं। लेकिन ऐसा नहीं है!

- **आम बेहोशी**: बहुत तेज़ गर्मी, खाली पेट रहने, घबराहट, या ब्लड प्रेशर (BP) अचानक कम हो जाने से भी इंसान गिर सकता है। इसे आम बेहोशी कहते हैं। इसमें व्यक्ति गिरने के कुछ ही पलों बाद होश में आ जाता है और उसे कोई झटके नहीं लगते।
- **मिर्गी का दौरा**: इसमें गिरने के साथ शरीर अकड़ता है, झटके लगते हैं, और होश में आने में काफी समय लगता है।

दौरे के बाद का समय ('सिस्टम रीस्टार्ट' होना)

जब किसी कंप्यूटर के हैंग होने के बाद हम उसे 'रीस्टार्ट' (Restart) करते हैं, तो उसे वापस नॉर्मल होने में थोड़ा समय लगता है। मिर्गी के मरीज के साथ भी ठीक ऐसा ही होता है।

जब दौरा खत्म हो जाता है, तो मरीज तुरंत उठकर भागने या बात करने की हालत में नहीं होता। इस रिकवरी के समय को डॉक्टरी भाषा में 'पोस्ट-इक्टल स्टेट' कहते हैं।

इस दौरान मरीज को:

- बहुत तेज़ थकान महसूस होती है।

एब्सेंस सीज़र: यह लापरवाही नहीं, बीमारी हो सकती है।

- भयंकर सिरदर्द हो सकता है।
- वह भ्रम में रहता है कि वह कहाँ है और उसके साथ क्या हुआ।
- उसे गहरी नींद आ सकती है।

हमें इस समय मरीज को जगाने या बैठाने की ज़िद नहीं करनी चाहिए, बल्कि उसे आराम से सोने देना चाहिए। उसका दिमाग खुद को ठीक (रीस्टार्ट) कर रहा होता है।

मुश्किल शब्दों का आसान 'शब्दकोश'

- **टॉनिक (Tonic)**: शरीर की नसों और मांसपेशियों का एकदम लकड़ी की तरह सख्त या कठोर हो जाना।
- **क्लोनिक (Clonic)**: शरीर के अंगों का तेज़ी से फड़कना या झटके खाना।
- **ऑरा (Aura)**: दौरे से ठीक पहले आने वाली एक अजीब सी फीलिंग या चेतावनी।
- **सिंकोप (Syncope)**: आम बेहोशी (जैसे चक्कर आकर गिर जाना, जो मिर्गी नहीं है)।
- **पोस्ट-इक्टल (Post-Ictal)**: दौरा खत्म होने के ठीक बाद का वह समय जब मरीज थका हुआ और उलझन में महसूस करता है।

अध्याय - 03

मिर्गी के कारण और ट्रिगर्स

मिर्गी के कारण और ट्रिगर्स (Causes and Triggers)

पिछले अध्यायों में हमने समझा कि मिर्गी दिमाग की नसों में होने वाला एक 'शॉर्ट सर्किट' है। अब सबसे बड़ा सवाल यह उठता है कि आखिर यह शॉर्ट सर्किट होता क्यों है? एक स्वस्थ इंसान के दिमाग में अचानक यह 'इलेक्ट्रिकल तूफान' कहाँ से आ जाता है?

इसे समझने के लिए हमें दो अलग-अलग शब्दों का मतलब समझना होगा: 'कारण' (Cause) और 'ट्रिगर' (Trigger)।

मान लीजिए कि एक जगह पर बहुत सारा बारूद रखा है - यह मिर्गी का 'कारण' है (यानी बीमारी की जड़)। लेकिन वह बारूद तब तक नहीं फटेगा जब तक उसे कोई माचिस की तीली न दिखाए। वह माचिस की तीली ही 'ट्रिगर' है (यानी वह परिस्थिति जो अचानक दौरा ले आती है)।

आइए पहले 'बारूद' (बीमारी के मूल कारणों) को समझते हैं और फिर 'माचिस की तीली' (ट्रिगर्स) को।

1: मिर्गी के मुख्य कारण (बीमारी की जड़)

दिमाग की नसों में गड़बड़ी (शॉर्ट सर्किट) होने के कई कारण हो सकते हैं। उम्र के हिसाब से ये कारण अलग-अलग होते हैं:

1. सिर की गंभीर चोट:

यह मिर्गी का एक बहुत बड़ा कारण है। अगर किसी सड़क दुर्घटना, खेलकूद या ऊंचाई से गिरने के कारण सिर में गहरी चोट लग जाए, तो दिमाग की अंदरूनी नसों को नुकसान पहुँच सकता है। चोट लगने के तुरंत बाद या कई सालों बाद भी मिर्गी की शुरुआत हो सकती है।

2. जन्म के समय की समस्याएं:

भारत में यह बच्चों में मिर्गी का एक आम कारण है। जब बच्चा माँ के पेट में होता है या जन्म ले रहा होता है, तो उसका दिमाग बहुत नाजुक होता है। यदि जन्म के समय बच्चे को तुरंत ऑक्सीजन न मिले (बच्चा देर से रोए), या उसे कोई इन्फेक्शन हो जाए, तो दिमाग का कुछ हिस्सा डैमेज हो सकता है, जो आगे चलकर मिर्गी का कारण बनता है।

3. दिमागी संक्रमण / इन्फेक्शन:

जिस तरह दीमक लकड़ी को अंदर से खोखला कर देती है, वैसे ही कुछ इन्फेक्शन हमारे दिमाग की नसों को नुकसान पहुँचाते हैं। 'दिमागी बुखार' या दिमाग में टीबी (TB) या **कीड़ा (Neurocysticercosis)** हो जाने से दिमाग में सूजन आ जाती है, जो नसों के शॉर्ट सर्किट का कारण बनती है।

4. क्या पेट के कीड़े मिर्गी का कारण बन सकते हैं?

अक्सर लोग यह सवाल पूछते हैं कि पेट और आंतों में पाए जाने वाले परजीवी जैसे- चुनचुने(Pinworm), गोलकृमि(Roundworm), फीताकृमि(Tapeworm), चाबुककृमि(Whipworm) क्या मिर्गी का कारण बन सकते हैं?

इसका जवाब है: पेट के अधिकांश कीड़े सीधे तौर पर मिर्गी का कारण नहीं बनते, ये मुख्य रूप से पाचन तंत्र को खराब करते हैं और कुपोषण या खून की कमी (Anemia) पैदा करते हैं।

लेकिन, एक बेहद खतरनाक परजीवी ऐसा है जो भारत जैसे देशों में मिर्गी के सबसे बड़े कारणों में से एक है:

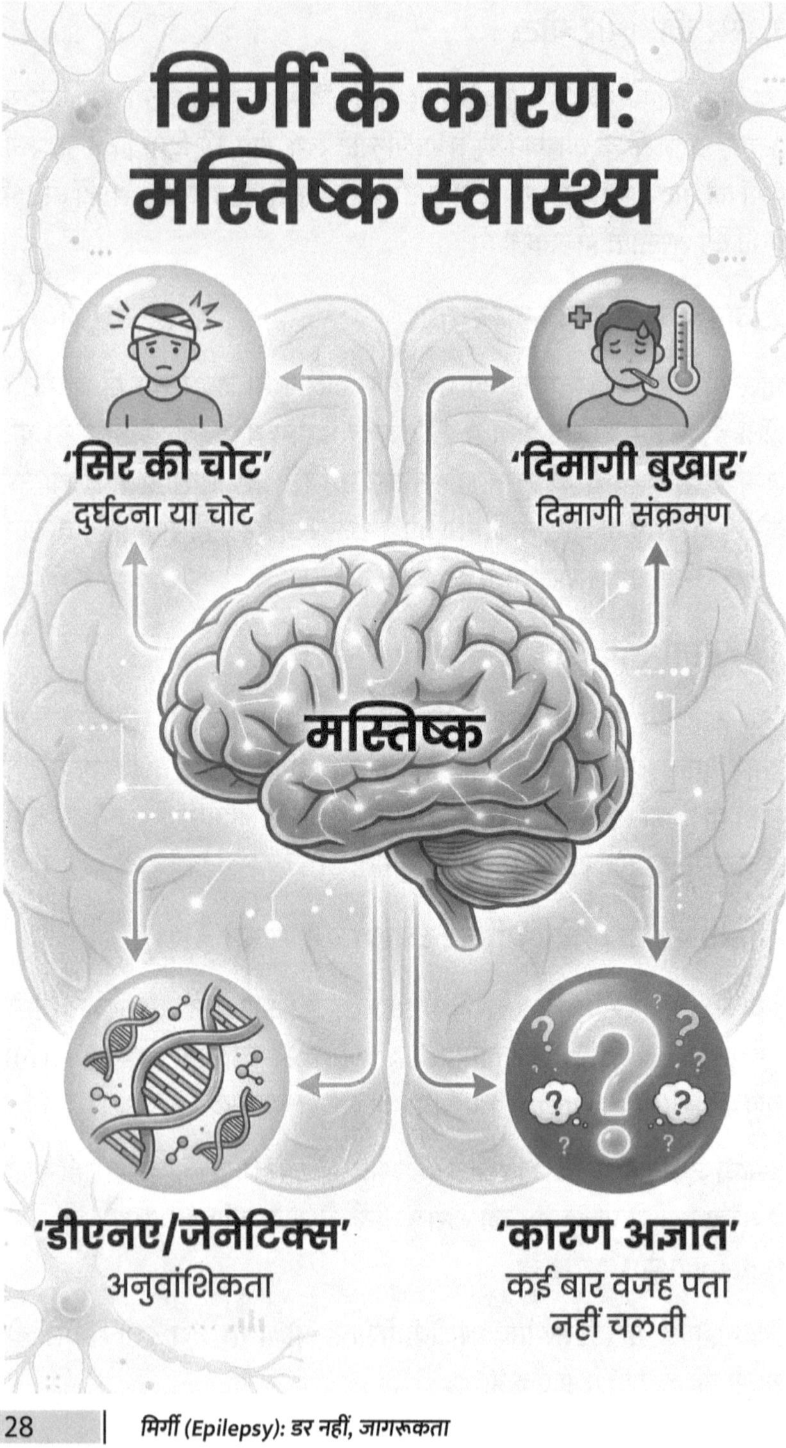
मिर्गी के कारण:
मस्तिष्क स्वास्थ्य
'सिर की चोट'
दुर्घटना या चोट
'दिमागी बुखार'
दिमागी संक्रमण
मस्तिष्क
'डीएनए/जेनेटिक्स'
अनुवांशिकता
'कारण अज्ञात'
कई बार वजह पता
नहीं चलती

मुख्य अपराधी टेपवर्म (सूअर का फीताकृमि): टेपवर्म या फीताकृमि का संक्रमण मिर्गी का एक सीधा और बहुत गंभीर कारण बन सकता है। जब यह कीड़ा दिमाग में पहुँच जाता है, तो इस मेडिकल स्थिति को 'न्यूरोसिस्टीसर्कोसिस' (Neurocysticercosis) कहा जाता है।

तथ्य: विश्व स्वास्थ्य संगठन (WHO) के अनुसार, दुनिया भर में रोकी जा सकने वाली मिर्गी का सबसे प्रमुख कारण 'न्यूरोसिस्टीसर्कोसिस' (टेपवर्म का दिमाग में जाना) ही है।

पेट का कीड़ा दिमाग तक कैसे पहुँचता है? यह प्रक्रिया हमारी कुछ छोटी-छोटी लापरवाहियों से शुरू होती है:

- **अंडे निगलना**: जब हम बिना अच्छे से धोई हुई कच्ची सब्जियां (विशेषकर जमीन के नीचे उगने वाली सब्जियां या पत्ता गोभी), दूषित पानी, या संक्रमित और अधपका मांस (विशेषकर सूअर का मांस) खाते हैं, तो हम अनजाने में इस टेपवर्म के सूक्ष्म अंडे निगल लेते हैं।

- **रक्त में प्रवेश**: पेट में जाकर ये अंडे लार्वा (Larvae) में बदल जाते हैं। ये लार्वा आंतों की दीवार को पार करके हमारे खून (Bloodstream) में मिल जाते हैं।

- दि**माग में सिस्ट (Cyst) बनना**: खून के साथ तैरते हुए ये लार्वा शरीर के कई हिस्सों में पहुँच जाते हैं, जिनमें 'दिमाग' सबसे आम जगह है। दिमाग में पहुँचकर ये लार्वा छिपने के लिए छोटे-छोटे पानी भरे बुलबुले बना लेते हैं।

- **दिमाग का शॉर्ट सर्किट (मिर्गी)**: जब ये सिस्ट (बुलबुले) दिमाग की नसों के बीच अपनी जगह बनाते हैं या जब ये अंदर ही अंदर मरने लगते हैं, तो दिमाग में सूजन (Inflammation) और तेज जलन पैदा करते हैं। इसी इरिटेशन (Irritation) की वजह से दिमाग के इलेक्ट्रिकल सिग्नल बिगड़ जाते हैं, शॉर्ट-सर्किट होता है, और व्यक्ति को मिर्गी का दौरा पड़ जाता है।

5. आनुवंशिक कारण (पीढ़ी दर पीढ़ी):

कई बार मिर्गी परिवार में पीढ़ी दर पीढ़ी चलती है। अगर माता-पिता में से किसी एक को मिर्गी है, तो बच्चे में इसके होने का थोड़ा जोखिम (Risk) बढ़ जाता है। इसे आप ऐसे समझ सकते हैं कि जैसे परिवार से हमें आँखों या बालों का रंग मिलता है, वैसे ही दिमाग की नसों की बनावट (या उनकी कमज़ोरी) भी परिवार से मिल सकती है।

6. ब्रेन ट्यूमर या स्ट्रोक:

बढ़ती उम्र (खासकर 60 साल के बाद) के लोगों में मिर्गी का सबसे बड़ा कारण लकवा (Stroke) मारना या ब्रेन ट्यूमर होता है। लकवे की वजह से दिमाग के किसी हिस्से में खून पहुंचना बंद हो जाता है, जिससे वहाँ की नसें खराब हो जाती हैं और मिर्गी के दौरे शुरू हो सकते हैं।

एक बहुत ही ज़रूरी सच्चाई: 'अज्ञात कारण'

आपको यह जानकर शायद हैरानी होगी कि दुनिया भर में मिर्गी के लगभग 50% मामलों में, डॉक्टर सारे टेस्ट (MRI, EEG) करने के बाद भी कोई स्पष्ट कारण नहीं खोज पाते! मरीज का दिमाग बिल्कुल नॉर्मल दिखता है, फिर भी उसे दौरे पड़ते हैं। विज्ञान की भाषा में इसे 'इडियोपैथिक' (Idiopathic) मिर्गी कहते हैं। अगर आपके डॉक्टर कहें कि "कारण पता नहीं चल रहा है", तो घबराएं नहीं, यह बिल्कुल आम बात है और इसका इलाज पूरी तरह संभव है।

2: ट्रिगर्स- माचिस की तीली जो दौरा लाती है

अगर किसी व्यक्ति को मिर्गी है और उसकी दवाइयां चल रही हैं, तो अक्सर वह बिल्कुल ठीक रहता है। लेकिन कुछ खास परिस्थितियां या गलतियां (ट्रिगर्स) दिमाग को उत्तेजित कर देती हैं और अचानक दौरा पड़ जाता है। हर मरीज के ट्रिगर्स अलग-अलग हो सकते हैं।सबसे आम ट्रिगर्स नीचे दिए गए हैं, जिनसे हर मिर्गी के मरीज को बचना चाहिए:

1. दवा न खाना - सबसे बड़ी गलती:

मिर्गी की दवा दिमाग के तारों के चारों ओर एक 'सुरक्षा कवच' (Insulation) बना देती है ताकि शॉर्ट सर्किट न हो। अगर मरीज किसी दिन दवा खाना भूल जाता है, या बिना डॉक्टर से पूछे दवा बंद कर देता है, तो वह सुरक्षा कवच टूट जाता है और दौरा तुरंत वापस आ जाता है।

2. नींद पूरी न होना:

नींद हमारे दिमाग को 'कूल डाउन' (ठंडा) और रिपेयर करने का काम करती है। अगर कोई मिर्गी का मरीज लगातार कई रातों तक ठीक से न सोए या नाइट शिफ्ट में काम करे, तो उसका दिमाग थक जाता है और शॉर्ट सर्किट (दौरा) होने का खतरा बहुत ज्यादा बढ़ जाता है। 7-8 घंटे की गहरी नींद मिर्गी के मरीजों के लिए किसी अचूक दवा से कम नहीं है।

3. बहुत ज्यादा तनाव:

टेंशन, गुस्सा, या बहुत ज्यादा घबराहट हमारे दिमाग पर भारी दबाव डालते हैं। कंप्यूटर के प्रोसेसर के बहुत ज्यादा गर्म (Overheat) होने पर जैसे वह हैंग हो जाता है, वैसे ही ज्यादा तनाव लेने से दिमाग में दौरे का ट्रिगर दब सकता है।

4. शराब या नशीली दवाएं:

शराब और नशा दिमाग के रसायनों (Chemicals) का संतुलन पूरी तरह से बिगाड़ देते हैं। खासकर जब शराब का असर उतर रहा होता है (Hangover), तब दौरा पड़ने की संभावना सबसे अधिक होती है।

5. तेज़ चमकती हुई रोशनी:

कुछ मरीजों के दिमाग की नसें तेज़ रोशनी के प्रति बहुत संवेदनशील (Sensitive) होती हैं। डिस्को की तेज़ झपकती लाइटें, टीवी या वीडियो गेम की स्क्रीन से निकलने वाली तेज़ चमक, या सूरज की सीधी चमकती रोशनी उनमें दौरा ला सकती है।

मुश्किल शब्दों का आसान 'शब्दकोश'

ट्रिगर (Trigger): कोई ऐसी आदत, माहौल या स्थिति जो दिमाग को भड़काकर अचानक मिर्गी का दौरा ले आए (जैसे नींद की कमी या तनाव)।

मेनिनजाइटिस (Meningitis): आम बोलचाल में इसे 'दिमागी बुखार' कहते हैं। यह दिमाग के बाहरी आवरण में होने वाला एक खतरनाक इन्फेक्शन है।

जेनेटिक्स (Genetics): आनुवंशिक; वह चीज़ें या बीमारियां जो माता-पिता या दादा-दादी से खून के जरिए बच्चों में आती हैं।

इडियोपैथिक (Idiopathic): मेडिकल साइंस का वह शब्द जिसका मतलब है "ऐसी बीमारी जिसका कोई स्पष्ट कारण या वजह मालूम न हो।"

अध्याय - 04

मिर्गी से जुड़ी सामाजिक भ्रांतियां और सच्चाई (Myths vs Facts)

मिर्गी से जुड़ी सामाजिक भ्रांतियां और उनकी सच्चाई

हमारे समाज में किसी भी बीमारी से ज्यादा खतरनाक उस बीमारी से जुड़े अंधविश्वास और भ्रांतियां होती हैं। जब बात मिर्गी (Epilepsy) की आती है, तो यह बात पूरी तरह से सच साबित होती है। अज्ञानता और डर के कारण समाज ने मिर्गी को एक ऐसी खौफनाक तस्वीर दे दी है, जिसका असलियत से कोई लेना-देना नहीं है।

अक्सर देखा जाता है कि जब किसी व्यक्ति को बाज़ार, बस स्टैंड या स्कूल में अचानक दौरा पड़ता है, तो वहाँ मौजूद 100 में से 99 लोग उसकी सही तरीके से मदद करने के बजाय या तो डर कर पीछे हट जाते हैं, या फिर कुछ ऐसे अजीबोगरीब और नुकसानदायक उपाय करने लगते हैं, जो मरीज की जान को और भी बड़े खतरे में डाल देते हैं। मिर्गी के मरीजों को अक्सर बीमारी से ज्यादा दर्द समाज के ताने, तिरस्कार और अंधविश्वास देते हैं। कई बार उन्हें नौकरी से निकाल दिया जाता है, बच्चों को स्कूल से निकाल दिया जाता है और शादी-ब्याह में भारी अड़चनें आती हैं।

इस अध्याय का मुख्य उद्देश्य आपके और समाज के मन से वह गहरा डर निकालना और विज्ञान की रोशनी में सच्चाई सामने लाना है। आइए, एक-एक करके उन सभी प्रमुख भ्रांतियों (Myths) का पर्दाफाश करते हैं जो सदियों से हमारे समाज में जड़ें जमाए बैठी हैं, और उनकी सच्ची मेडिकल वजह (Facts) को समझते हैं।

मिर्गी: अंधविश्वास बनाम सच्चाई

लाल बॉक्स: अंधविश्वास
(Myths (Superstitions))

1) झाड़-फूंक करता बाबा

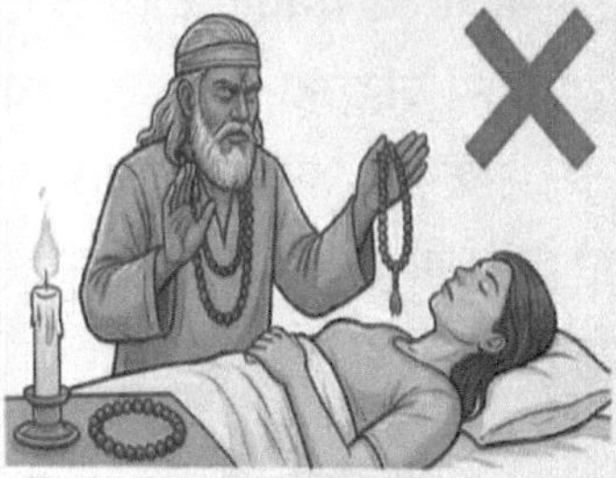

2) पुराना जूता

3) कटा हुआ प्याज

ये सभी अंधविश्वास हैं।

हरा बॉक्स: सच्चाई
Facts (Scientific Reality)

1) स्टेथोस्कोप लिए डॉक्टर

2) दवाईयां और नुस्खा

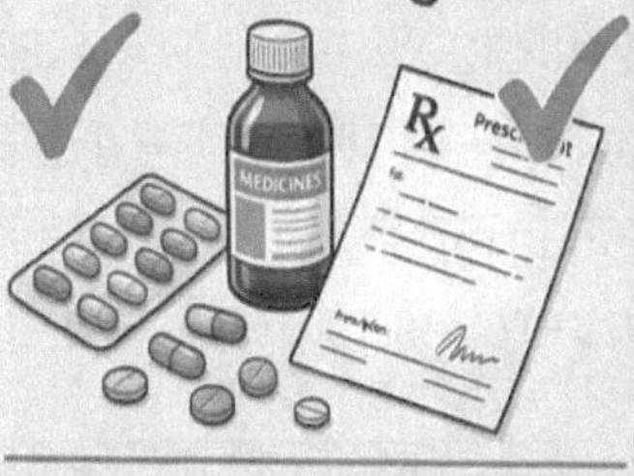

3) दिमाग का 'शॉर्ट सर्किट'

मिर्गी का वैज्ञानिक कारण है।

संदेश: मिर्गी कोई भूत-प्रेत नहीं, बल्कि एक वैज्ञानिक स्थिति (दिमाग का 'शॉर्ट सर्किट') है। अंधविश्वासों (झाड़-फूंक, जूता, प्याज) को छोड़ें और आधुनिक चिकित्सा (डॉक्टर, दवाएं) को अपनाएं।

भ्रांति (Myths) 1:

क्या मिर्गी किसी भूत-प्रेत, 'ऊपरी साये', जादू-टोने या पिछले जन्म के पापों का फल है।

यह भ्रांति क्यों फैली? प्राचीन काल में जब मेडिकल साइंस (चिकित्सा विज्ञान) का इतना विकास नहीं हुआ था और इंसान के पास दिमाग को जांचने की मशीनें (जैसे MRI या EEG) नहीं थीं, तब लोग उन चीज़ों को भगवान का प्रकोप या भूत-प्रेत का साया मान लेते थे जो उनकी समझ से बाहर होती थीं। एक स्वस्थ इंसान का अचानक गिरना, शरीर का बुरी तरह अकड़ना, आंखें पलटना और मुंह से झाग आना- यह सब देखकर पुराने ज़माने के लोगों को लगा कि ज़रूर इसके शरीर में किसी बुरी आत्मा ने प्रवेश कर लिया है।

सच्चाई (Medical Fact):

यह विचार 100% गलत और पूरी तरह से अवैज्ञानिक है। मिर्गी कोई श्राप, तांत्रिक विद्या का असर या पिछले जन्म के कर्मों का फल बिल्कुल नहीं है। पिछले अध्यायों में हमने विज्ञान के नज़रिए से बहुत ही स्पष्ट रूप से समझा है कि यह सिर्फ और सिर्फ हमारे दिमाग की नसों (न्यूरॉन्स) में होने वाला एक 'शॉर्ट सर्किट' है।

जैसे पेट में इन्फेक्शन होने पर उल्टी और दस्त आते हैं, फेफड़ों में दिक्कत होने पर खांसी आती है, ठीक वैसे ही दिमाग का इलेक्ट्रिकल सर्किट बिगड़ने पर शरीर में दौरा पड़ता है। यह एक विशुद्ध शारीरिक और न्यूरोलॉजिकल (नसों से जुड़ी) बीमारी है। इसका इलाज किसी बाबा के झाड़-फूंक, ताबीज़ या दरगाह-मंदिर के चक्कर काटने से नहीं, बल्कि एक योग्य न्यूरोलॉजिस्ट (दिमाग के डॉक्टर) की दी हुई दवाओं से ही संभव है। कई परिवार अंधविश्वास के चक्कर में सालों तक बाबाओं के पास भटकते रहते हैं और बीमारी के सही इलाज का सबसे कीमती समय बर्बाद कर देते हैं।

भ्रांति (Myths) 2:

दौरा पड़ने पर मरीज को पुराना चमड़े का जूता, गंदे मोजे या कटा हुआ प्याज सुंघाने से दौरा तुरंत रुक जाता है।

यह भ्रांति क्यों फैली? यह भारत और कई विकासशील देशों का सबसे आम और सबसे खतरनाक अंधविश्वास है। अक्सर आपने देखा होगा कि किसी को दौरा पड़ते ही लोग तुरंत अपना जूता उतारकर उसके मुंह या नाक पर लगा देते हैं और कुछ ही देर में मरीज का दौरा रुक जाता है। लोग सोचते हैं कि "देखा! जूते की बदबू से दौरा रुक गया।"

सच्चाई (Medical Fact):

यह केवल एक इत्तेफाक (Coincidence) है! मेडिकल साइंस के अनुसार, 95% मिर्गी के दौरे (विशेषकर जनरलाइज्ड सीज़र) शुरू होने के 1 से 3 मिनट के अंदर अपने आप रुक जाते हैं। यह दिमाग का अपना प्राकृतिक तरीका है खुद को शांत करने का (जैसे शॉर्ट सर्किट के बाद ट्रिप हुई लाइट वापस आ जाती है)।

दौरा अपने तय समय पर ही रुकेगा। अगर आप उस 1 से 3 मिनट के दौरान मरीज को जूता सुंघाएं, प्याज सुंघाएं या कोई सुंदर सा गुलाब का फूल भी सुंघाएं, तो भी दौरा उसी समय पर रुकेगा। जूता सुंघाने का दौरे को रोकने में शून्य (Zero) योगदान है।

इसका नुकसान: इसके विपरीत, जूता या प्याज सुंघाने के लिए जब भीड़ मरीज के मुंह और नाक को कसकर दबा लेती है, तो उसे ताजी हवा और ऑक्सीजन नहीं मिल पाती। गंदे जूते में लगे बैक्टीरिया और कीचड़ से मरीज की सांस की नली में खतरनाक इन्फेक्शन हो सकता है और दम घुटने से उसकी जान भी जा सकती है।

मिर्गी के दौरे के दौरान प्राथमिक चिकित्सा: तुलनात्मक मार्गदर्शिका

क्या न करें (DON'T DO THIS)

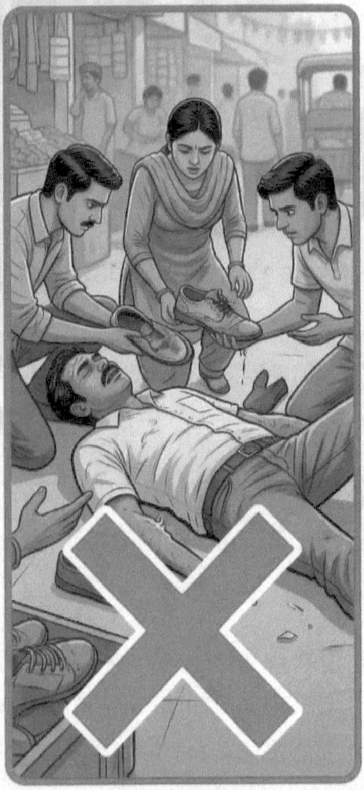

अंधविश्वास से बचें:
जूता सुंघाने से दौरा नहीं रुकता, सांस रुक सकती है!

क्या करें (DO THIS)

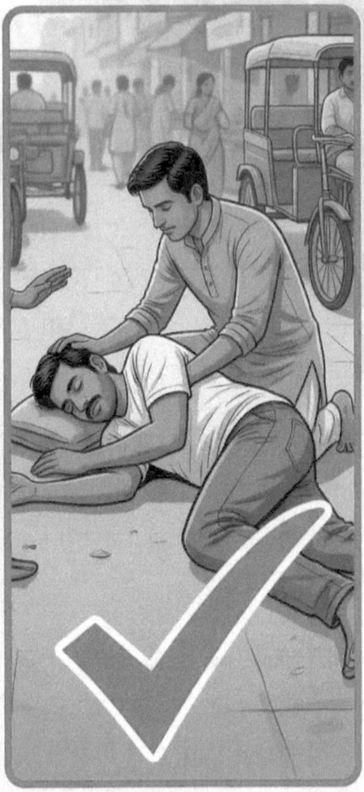

मरीज को करवट दिलाएं (Recovery position), सिर को सहारा दें, खुली हवा दें, शांत रहें!

भ्रांति (Myths) 3:

दौरे के समय मरीज के दांत भिंच (Lockjaw) जाते हैं, इसलिए उसके मुंह में चम्मच, चाबी या लकड़ी डाल देनी चाहिए।

यह भ्रांति क्यों फैली? दौरे के दौरान शरीर की मांसपेशियां बहुत सख्त (Tonic) हो जाती हैं और जबड़े बुरी तरह कस जाते हैं। लोगों को लगता है कि अगर मुंह में कुछ कठोर चीज़ नहीं फंसाई गई, तो मरीज अपनी ही जीभ चबा लेगा या उसके दांत टूट जाएंगे।

सच्चाई (Medical Fact):

यह एक बहुत ही घातक सोच है। जबड़े की मांसपेशियां इंसान के शरीर की सबसे ताकतवर मांसपेशियों में से एक होती हैं। दौरे के समय वह इतनी ताकत से कसती हैं कि अगर आप जबरदस्ती मरीज के दांतों के बीच लोहे की चम्मच या लकड़ी फंसाने की कोशिश करेंगे, तो मरीज के दांत टूट सकते हैं।

टूटा हुआ दांत सीधे उसकी सांस की नली में जाकर अटक सकता है, जिससे उसकी मौत हो सकती है। इसके अलावा, मुंह में चम्मच डालने वाले व्यक्ति की उंगली भी बुरी तरह कट सकती है। सच्चाई यह है कि दौरे के दौरान मरीज को उसकी अपनी जीभ से उतना खतरा नहीं होता, जितना बाहर से डाली गई कठोर चीज़ों से होता है।

भ्रांति (Myths) 4:

मिर्गी एक छूत की बीमारी है (यह छूने या साथ रहने से फैलती है)।

यह भ्रांति क्यों फैली? शारीरिक हरकतों की भयानकता और बीमारी के बारे में सही जानकारी न होने के कारण लोगों को लगने लगा कि यह कोई वायरस या इन्फेक्शन है जो एक से दूसरे में चला जाएगा।

सच्चाई (Medical Fact):

यह बात बिल्कुल निराधार है। मिर्गी कोई वायरस या बैक्टीरिया (कीटाणु) नहीं है जो टीबी, सर्दी-जुकाम या कोरोना की तरह हवा में, खांसने, छींकने या छूने से फैले। यह एक 'न्यूरोलॉजिकल' (अंदरूनी नसों की) समस्या है, जो शरीर के अंदर की बनावट तक सीमित होती है। मिर्गी के मरीज के साथ एक ही थाली में खाना खाने, उसका जूठा पानी पीने, उसके साथ सोने, हाथ मिलाने या उसे गले लगाने से मिर्गी किसी दूसरे स्वस्थ इंसान को कभी नहीं हो सकती। आप बिना किसी डर के मिर्गी के मरीज के साथ सामान्य व्यवहार कर सकते हैं।

भ्रांति (Myths) 5:

मिर्गी वाले लोग 'पागल' (Mentally ill) होते हैं या उनका दिमाग कमज़ोर (Retarded) होता है।

यह भ्रांति क्यों फैली? क्योंकि दौरा दिमाग से जुड़ा है, इसलिए लोग न्यूरोलॉजी (नसों की बीमारी) और साइकियाट्री (मानसिक या पागलपन की बीमारी) में फर्क नहीं कर पाते। उन्हें लगता है कि जिसका दिमाग खराब है, वही पागल है।

सच्चाई (Medical Fact):

मिर्गी (Epilepsy) और मानसिक संतुलन खोने (Mental Illness/Insanity) के बीच दूर-दूर तक कोई संबंध नहीं है। दौरे के उन 2 से 3 मिनटों और उसके बाद की कुछ देर की थकान (पोस्ट-इक्टल स्टेट) को छोड़कर, मिर्गी वाले लोग बाकी पूरे 24 घंटे और जीवन भर बिल्कुल सामान्य होते हैं।

उनकी बुद्धि (IQ स्तर), उनकी सोचने-समझने की क्षमता और उनका व्यवहार हम और आप जैसे आम इंसानों जितना ही तेज़ और सामान्य होता है। इतिहास गवाह है कि दुनिया में ऐसे कई महान राजा, वैज्ञानिक, लेखक और खिलाड़ी हुए हैं जिन्हें मिर्गी थी, लेकिन उन्होंने दुनिया बदल दी। उदाहरण के लिए—महान रोमन सम्राट जूलियस सीज़र (Julius Caesar), डायनामाइट बनाने वाले वैज्ञानिक अल्फ्रेड नोबेल (Alfred Nobel), मशहूर क्रिकेटर जोंटी रोड्स (Jonty Rhodes), और

दार्शनिक सुकरात (Socrates)- इन सभी को मिर्गी की बीमारी थी, फिर भी इनकी दिमागी क्षमता और सफलता दुनिया के लिए एक मिसाल है।

भ्रांति (Myths) 6:

मिर्गी से पीड़ित लड़कियां कभी शादी नहीं कर सकतीं या स्वस्थ बच्चों को जन्म नहीं दे सकतीं।

यह भ्रांति क्यों फैली? भारतीय समाज में मिर्गी को एक बहुत बड़ा सामाजिक कलंक (Stigma) माना जाता है। लोगों को लगता है कि अगर मिर्गी वाली लड़की से शादी की, तो वह घर का काम नहीं कर पाएगी, और अगर उसने बच्चा पैदा किया तो वह बच्चा भी मिर्गी का रोगी या अपंग पैदा होगा। इस डर के कारण कई युवतियों का जीवन बर्बाद हो जाता है और उनसे मिर्गी की बात छुपाई जाती है।

सच्चाई (Medical Fact):

यह शायद सबसे दुखद अंधविश्वास है। सच्चाई यह है कि सही डॉक्टरी सलाह और नियमित दवाओं (Anti-Epileptic Drugs) के साथ, मिर्गी से पीड़ित महिलाएं एक बेहद खुशहाल और सफल वैवाहिक जीवन जी सकती हैं। जहाँ तक बात बच्चों की है, तो मिर्गी कोई ऐसी बीमारी नहीं है जो 100% माता-पिता से बच्चों में जाए ही (इसका आनुवंशिक खतरा केवल 2 से 5% तक ही होता है, जो बहुत कम है)।

डॉक्टर (स्त्री रोग विशेषज्ञ और न्यूरोलॉजिस्ट) की निगरानी में, और गर्भावस्था से पहले 'फोलिक एसिड' (Folic Acid) जैसी विटामिन्स की मदद से, मिर्गी से पीड़ित महिलाएं पूरी तरह से स्वस्थ और नॉर्मल बच्चों को जन्म दे सकती हैं। मिर्गी एक खुशहाल परिवार बनाने में बिल्कुल भी रुकावट नहीं है, बस ज़रूरत है तो सही मेडिकल प्लानिंग की।

भ्रांति (Myths) 7:

मिर्गी का कोई पक्का इलाज नहीं है, यह उम्र भर साथ रहने वाली लाइलाज बीमारी है।

यह भ्रांति क्यों फैली? जिन लोगों ने सही डॉक्टर से इलाज कराने के बजाय बाबाओं और झोलाछाप डॉक्टरों के चक्कर काटे, उनकी बीमारी कभी ठीक नहीं हुई, और उन्होंने समाज में यह फैला दिया कि मिर्गी कभी ठीक नहीं होती।

सच्चाई (Medical Fact):

आधुनिक चिकित्सा (Allopathy) में मिर्गी का बहुत ही बेहतरीन और कारगर इलाज मौजूद है। विज्ञान के अनुसार, लगभग 70% से 80% मरीजों की मिर्गी सिर्फ सही दवाओं से पूरी तरह कंट्रोल हो जाती है। वे बिना किसी दौरे के अपना स्कूल, कॉलेज और ऑफिस का काम कर सकते हैं।

सबसे अच्छी बात यह है कि अगर मरीज डॉक्टर के बताए अनुसार बिना कोई नागा (Gap) किए 3 से 5 साल तक लगातार दवा खाए और उसे इन सालों में एक भी दौरा न पड़े, तो डॉक्टर धीरे-धीरे उसकी दवाएं हमेशा के लिए बंद भी कर सकते हैं। इसका मतलब है कि मिर्गी पूरी तरह से ठीक हो सकती है। और जिन 20% लोगों में दवाएं काम नहीं करतीं, उनके लिए आज के समय में बहुत ही सुरक्षित और सफल 'ब्रेन सर्जरी' (Brain Surgery) और विशेष डाइट (जैसे कीटो डाइट) के विकल्प मौजूद हैं।

अध्याय - 05

दौरा पड़ने पर क्या करें और क्या न करें? (प्राथमिक उपचार)

दौरा पड़ने पर क्या करें और क्या न करें? (प्राथमिक उपचार)

कल्पना कीजिए कि आप किसी बस स्टैंड पर खड़े हैं, या अपने ऑफिस में काम कर रहे हैं, और अचानक आपके सामने खड़ा कोई व्यक्ति ज़मीन पर गिर पड़ता है। उसका शरीर बुरी तरह अकड़ने लगता है, हाथ-पैर में तेज़ झटके आने लगते हैं और मुंह से झाग निकलने लगता है। ऐसी स्थिति में 99% लोग घबरा जाते हैं। कोई चिल्लाने लगता है, कोई पीछे हट जाता है, और कुछ लोग जल्दबाज़ी में ऐसे गलत उपाय करने लगते हैं (जैसे मुंह में चम्मच डालना या जूता सुंघाना) जिनसे मरीज की जान को खतरा हो सकता है।

लेकिन, अगर आपने यह किताब पढ़ी है, तो आप उस 1% में से होंगे जो घबराएंगे नहीं, बल्कि एक असली 'हीरो' की तरह उस व्यक्ति की जान बचाएंगे।

इस प्राथमिक उपचार (First Aid) की जानकारी हर इंसान को होनी चाहिए, चाहे उसके घर में कोई मिर्गी का मरीज हो या न हो।

1: 'क्या करें'- जान बचाने के 6 सुनहरे नियम

जब भी आप किसी को दौरा पड़ते हुए देखें, तो नीचे दिए गए इन 6 कदमो (Steps) का तुरंत पालन करें:

कदम 1: सबसे पहले खुद शांत रहें और समय नोट करें

दौरा देखने में बहुत भयानक लग सकता है, लेकिन याद रखें कि यह दिमाग का एक अस्थायी 'शॉर्ट सर्किट' है जो आमतौर पर 1 से 3 मिनट में अपने आप रुक जाएगा।

घबराएं नहीं और न ही दूसरों को घबराने दें।

तुरंत अपनी घड़ी या मोबाइल में समय देखें कि दौरा कितने बजे शुरू हुआ। यह बहुत ज़रूरी है, क्योंकि अगर दौरा 5 मिनट से ज्यादा चलता है, तो यह एक मेडिकल इमरजेंसी बन जाता है (जिसके बारे में हम आगे बात करेंगे)।

कदम 2: मरीज के आस-पास की जगह सुरक्षित करें

व्यक्ति के गिरते ही उसके आस-पास से हर वह नुकीली या कठोर चीज़ हटा दें जिससे उसे चोट लग सकती है।

अगर आस-पास कोई कांच का टेबल, धारदार औज़ार, आग, या भारी फर्नीचर है, तो उसे दूर कर दें।

ध्यान दें: मरीज को उठाकर किसी दूसरी जगह ले जाने की कोशिश न करें, जब तक कि वह किसी जानलेवा जगह पर न गिरा हो (जैसे बीच सड़क पर, आग के पास, या पानी के अंदर)। उसे वहीं ज़मीन पर रहने दें।

कदम 3: मरीज के सिर को सुरक्षित करें

दौरे के दौरान शरीर में लगने वाले झटकों की वजह से मरीज का सिर बार-बार ज़मीन से टकरा सकता है, जिससे दिमाग में गहरी चोट लग सकती है।

इसे रोकने के लिए तुरंत कोई मुलायम कपड़ा, अपना जैकेट, तौलिया, या कोई

कुशन/तकिया मरीज के सिर के नीचे रख दें। अगर कुछ भी न मिले, तो आप अपने हाथों को उसके सिर के नीचे रख सकते हैं ताकि सिर सीधे कठोर ज़मीन से न टकराए।

कदम 4: मरीज को करवट दिलाकर लिटाएं

यह प्राथमिक उपचार का सबसे महत्वपूर्ण कदम है! जैसे ही दौरे के झटके थोड़े कम होने लगें, मरीज को आराम से उसकी किसी भी एक करवट (Right या Left side) पर लिटा दें।

ऐसा क्यों करना है? दौरे के समय अक्सर मरीज के मुंह में बहुत सारा थूक (Saliva) या झाग बन जाता है। कई बार उल्टी भी आ सकती है। अगर मरीज सीधा (पीठ के बल) लेटा रहेगा, तो यह झाग या उल्टी उसकी सांस की नली (Windpipe) और फेफड़ों में जा सकती है, जिससे उसका दम घुट सकता है। करवट से लिटाने पर मुंह का सारा झाग गुरुत्वाकर्षण (Gravity) की मदद से बाहर ज़मीन पर गिर जाता है और सांस की नली बिल्कुल साफ रहती है।

कदम 5: चश्मा हटाएं और कपड़े ढीले करें

अगर मरीज ने चश्मा पहना हुआ है, तो उसे तुरंत उतार लें ताकि झटकों के कारण चश्मा टूटकर उसकी आँखों में न घुस जाए।

मरीज के गले के आस-पास के कपड़े ढीले कर दें। अगर उसने टाई (Tie) पहनी है, शर्ट के ऊपरी बटन बंद हैं, या गले में कोई दुपट्टा/स्कार्फ कसा हुआ है, तो उसे ढीला कर दें ताकि उसे सांस लेने में कोई तकलीफ न हो।

कदम 6: जब तक मरीज होश में न आ जाए, उसके पास रहें

दौरा खत्म होने के बाद मरीज तुरंत सामान्य नहीं होता। वह थका हुआ, डरा हुआ और उलझन में होता है। उसे समझ नहीं आता कि वह कहाँ है।

ऐसे में उसे अकेला न छोड़ें। जब वह होश में आए, तो उससे बहुत ही प्यार और शांत आवाज़ में बात करें। उसे बताएं कि "आप सुरक्षित हैं, आपको एक छोटा सा दौरा पड़ा था, और अब सब ठीक है।"

रिकवरी पोज़िशन
चरण-दर-चरण मार्गदर्शिका
1. मरीज को फर्श पर सुरक्षित लेटाएं
शुरुआत: मरीज पीठ के बल लेटा है
2. करवट दिलाने की तैयारी
तैयारी: एक हाथ सिर के पास, दूसरा तकिया, दूर वाला पैर मुड़ा हुआ
3. मरीज को करवट दिलाएं और स्थिर करें
करवट: शरीर करवट पर, ऊपर वाला पैर घुटने से मुड़ा हुआ (लुढ़कने से बचाने के लिए), एक हाथ सिर के नीचे

2: 'क्या न करें' - वे गलतियां जो जानलेवा साबित हो सकती हैं

सही मदद करने से ज्यादा ज़रूरी यह जानना है कि हमें क्या नहीं करना है। हमारी एक गलत हरकत मरीज के लिए बड़ी मुसीबत खड़ी कर सकती है।

1. मरीज को कसकर पकड़ने या रोकने की कोशिश बिल्कुल न करें (Do Not Restrain)

कई बार लोग मरीज के हाथ-पैर को बहुत ताकत से दबाकर उसके झटकों को रोकने की कोशिश करते हैं। यह एक बहुत बड़ी गलती है।

दौरे के दौरान शरीर की मांसपेशियां (Muscles) इतनी भयानक ताकत से काम कर रही होती हैं कि अगर आप उन्हें जबरदस्ती रोकेंगे, तो मरीज की हड्डियां टूट सकती हैं या उसकी नसें फट सकती हैं। उसे झटके लेने दें, दौरा अपने समय पर खुद ही शांत हो जाएगा। आपका काम झटकों को रोकना नहीं, बल्कि झटकों के दौरान उसे चोट से बचाना है।

2. मुंह में चम्मच, चाबी, उंगली या कोई भी चीज़ न डालें

समाज में एक बहुत बड़ी भ्रांति है कि दौरे के दौरान मरीज अपनी ही जीभ काट देगा। विज्ञान के अनुसार, किसी भी इंसान के लिए अपनी जीभ काटना शारीरिक रूप से असंभव है! * जब लोग मरीज के दांतों के बीच लोहे की चम्मच या लकड़ी फंसाने की कोशिश करते हैं, तो इससे मरीज के दांत टूट सकते हैं, मसूड़े कट सकते हैं, और टूटा हुआ दांत सांस की नली में फंस सकता है। अगर आप अपनी उंगली डालेंगे, तो वह आपकी उंगली बहुत बुरी तरह काट सकता है, क्योंकि उस समय जबड़े में बेइंतहा ताकत होती है। इसलिए, मरीज के मुंह को बिल्कुल न छेड़ें।

WARNING
क्या न करें
1
2
3
मरीज के मुंह में चम्मच या कोई वस्तु न डालें।
मरीज को ज़बरदस्ती स्थिर न करें या दबाएं।
मरीज को पानी या कुछ भी खाने-पीने को न दें।
ऐसा बिल्कुल न करें!

3. पानी या कुछ भी खाने-पीने को न दें

जैसे ही दौरा रुकता है और मरीज आँखें खोलता है, लोग तुरंत उसके मुंह में पानी डालने लगते हैं। यह बहुत खतरनाक है।

दौरा खत्म होने के तुरंत बाद मरीज का निगलने का सिस्टम सही से काम नहीं कर रहा होता है। अगर आप उस समय उसे पानी पिलाएंगे, तो पानी पेट में जाने के बजाय सीधे उसके फेफड़ों (Lungs) में चला जाएगा और मरीज को निमोनिया या दम घुटने (Choking) का खतरा हो जाएगा। जब तक मरीज पूरी तरह से होश में न आ जाए, उठकर बैठ न जाए और खुद अपने हाथों से पानी का गिलास न मांग ले, तब तक उसे कुछ भी खाने या पीने को न दें।

4. जूता, मोजा या प्याज न सुंघाएं

जैसा कि हमने अध्याय 4 में पढ़ा, यह सिर्फ एक अंधविश्वास है। इससे दौरा नहीं रुकता, बल्कि मरीज को सांस लेने में दिक्कत होती है और इन्फेक्शन का खतरा बढ़ जाता है। मरीज को ताजी हवा की ज़रूरत होती है, गंदी बदबू की नहीं।

5. भीड़ न लगाएं

तमाशा न देखें। 10-15 लोगों का मरीज के ऊपर झुक जाना उसे ऑक्सीजन और ताजी हवा मिलने से रोकता है। आस-पास के लोगों को पीछे हटाएं और मरीज को खुली हवा मिलने दें।

भाग 3: एम्बुलेंस या डॉक्टर को कब बुलाएं?

यह एक बहुत ही आम सवाल है कि "क्या हर दौरे के बाद मरीज को अस्पताल ले जाना ज़रूरी है?"

जवाब है: नहीं! अगर मरीज को पहले से मिर्गी की बीमारी है, उसका इलाज चल रहा है, दौरा 2-3 मिनट में रुक जाता है, और वह कुछ देर बाद सामान्य होकर बात करने लगता है, तो उसे अस्पताल ले जाने की कोई आवश्यकता नहीं है। उसे बस घर पर आराम करने दें।

लेकिन, कुछ खास परिस्थितियां ऐसी होती हैं जिन्हें मेडिकल साइंस में "रेड फ्लैग्स" या खतरे की घंटी कहा जाता है। इन स्थितियों में आपको तुरंत एम्बुलेंस (108) को कॉल करना चाहिए या मरीज को नज़दीकी अस्पताल के इमरजेंसी वॉर्ड में ले जाना चाहिए:

1. समय सीमा (5 मिनट का नियम): अगर दौरा 5 मिनट से ज्यादा समय तक लगातार चलता रहे। इसे डॉक्टरी भाषा में 'स्टेटस एपिलेप्टिकस' (Status Epilepticus) कहते हैं और यह जानलेवा हो सकता है।

2. लगातार दौरे: अगर एक दौरा खत्म होने के तुरंत बाद, बिना होश में आए, दूसरा दौरा शुरू हो जाए।

3. पहली बार दौरा: अगर आप जानते हैं कि इस व्यक्ति को जीवन में पहली बार दौरा पड़ा है (उसे पहले से मिर्गी की कोई हिस्ट्री नहीं है)।

4. सांस लेने में दिक्कत: अगर दौरा खत्म होने के बाद भी मरीज की सांस ठीक से नहीं आ रही है या उसका चेहरा नीला पड़ रहा है।

5. गंभीर चोट: अगर गिरते समय मरीज का सिर किसी पत्थर या लोहे से टकरा गया है और खून बह रहा है, या कोई हड्डी टूट गई है।

6. पानी में दौरा: अगर दौरा किसी स्विमिंग पूल, नदी या बाथटब (पानी के अंदर) में पड़ा है। (पानी फेफड़ों में जा सकता है)।

7. गर्भवती महिला या शुगर का मरीज: अगर दौरा पड़ने वाली कोई गर्भवती (Pregnant) महिला है, या कोई ऐसा मरीज है जिसे मधुमेह (Diabetes) की बीमारी है।

भाग 4: फोकल सीज़र (हल्के दौरे) में क्या करें?

हमने अब तक गिरने और कांपने वाले जनरलाइज्ड दौरे की बात की। लेकिन अगर किसी को फोकल सीज़र (जिसमें व्यक्ति सिर्फ शून्य में घूरता है, सुन्न हो जाता है, या अजीब हरकतें करता है) पड़े, तो क्या करें?

- ऐसे मरीज को ज़मीन पर लिटाने की ज़रूरत नहीं है।
- वह भ्रमित (Confused) होता है, इसलिए उसे बस प्यार से किसी सुरक्षित कुर्सी या जगह पर बैठा दें।
- वह आपकी बात नहीं समझेगा, इसलिए उस पर चिल्लाएं नहीं।
- अगर वह बिना सोचे-समझे सड़क की तरफ या सीढ़ियों की तरफ जा रहा है, तो उसे कसकर न पकड़ें, बल्कि हल्के हाथों से उसका रास्ता मोड़कर उसे सुरक्षित जगह की तरफ ले आएं।
- दौरा खत्म होने तक उसके साथ रहें और फिर उसे समझाएं कि वह सुरक्षित है।

अध्याय - 06

डॉक्टरी जाँच - बीमारी की जड़ तक कैसे पहुँचें?

डॉक्टरी जाँच -
बीमारी की जड़ तक कैसे पहुँचें?

जब किसी व्यक्ति को पहली बार दौरा पड़ता है, तो पूरा परिवार घबराहट और डर के साये में आ जाता है। आस-पड़ोस के लोग कई तरह की बातें बनाने लगते हैं और अक्सर लोग समझ नहीं पाते कि अब क्या किया जाए। ऐसे समय में सबसे सही और पहला कदम होता है एक विशेषज्ञ डॉक्टर, यानी **न्यूरोलॉजिस्ट** (नसों और दिमाग के डॉक्टर) के पास जाना।

अस्पताल का नाम सुनते ही, और खासकर दिमाग की जाँच की बात सुनकर, कई लोगों के पसीने छूट जाते हैं। उन्हें लगता है कि पता नहीं डॉक्टर सिर के अंदर क्या करेंगे, कौन सी मशीन लगाएंगे, या कोई दर्दनाक टेस्ट तो नहीं होगा। यह अध्याय आपके मन से इसी डर को निकालने के लिए है।

इसे एक बहुत ही आसान उदाहरण से समझते हैं। मान लीजिए आपकी कार अचानक बीच सड़क पर बंद हो जाती है। आप उसे मैकेनिक के पास ले जाते हैं। मैकेनिक सबसे पहले क्या करता है? वह कार के इंजन में एक कंप्यूटर (स्कैनर) लगाता है ताकि उसे पता चल सके कि खराबी कहाँ है- क्या बैटरी में कोई 'शॉर्ट सर्किट' है, या पेट्रोल की पाइप में कोई कचरा फंसा है?

ठीक इसी तरह, जब हमारे शरीर के 'सुपर कंप्यूटर' (दिमाग) में कोई गड़बड़ी होती

है, तो डॉक्टर भी कुछ खास मशीनों और टेस्ट की मदद से यह पता लगाते हैं कि यह शॉर्ट सर्किट दिमाग के किस हिस्से में हो रहा है और क्यों हो रहा है।

आइए विस्तार से समझते हैं कि डॉक्टर मिर्गी की पहचान (Diagnosis) कैसे करते हैं और अस्पताल में आपके साथ क्या-क्या होता है।

कदम 1: आपकी कहानी और चश्मदीद गवाह

आपको यह जानकर शायद हैरानी होगी कि मिर्गी को पहचानने का सबसे बड़ा और सबसे महत्वपूर्ण टेस्ट कोई महंगी मशीन नहीं, बल्कि आपकी 'कहानी' है। न्यूरोलॉजिस्ट सबसे पहले आपसे और आपके घरवालों से बहुत सारे सवाल पूछते हैं।

चश्मदीद गवाह की अहमियत: दौरे के समय मरीज तो अक्सर बेहोश होता है या अपनी सुधबुध खो चुका होता है। उसे खुद नहीं पता होता कि उसके साथ क्या हुआ। इसलिए, डॉक्टर के लिए सबसे महत्वपूर्ण व्यक्ति वह होता है जिसने उस दौरे को अपनी आँखों से देखा हो।

डॉक्टर गवाह से कुछ ऐसे सवाल पूछ सकते हैं:

- दौरा शुरू होने से ठीक पहले मरीज क्या कर रहा था?
- क्या मरीज ने कोई अजीब सी आवाज़ निकाली थी?
- क्या उसकी आंखें ऊपर की तरफ पलट गई थीं?
- शरीर का कौन सा हिस्सा (हाथ या पैर) सबसे पहले कांपना शुरू हुआ था?
- दौरा कितनी देर चला और उसके बाद मरीज को होश में आने में कितना समय लगा?

एक बहुत काम की सलाह:

आज के समय में हर किसी के पास स्मार्टफ़ोन है। अगर आपके घर में किसी को बार-बार दौरे पड़ते हैं, तो अगली बार दौरा पड़ने पर घबराने के बजाय, परिवार का

कोई एक सदस्य दूर खड़ा होकर उस दौरे का एक स्पष्ट वीडियो (Video) बना ले। डॉक्टर के लिए यह 1-2 मिनट का वीडियो किसी भी महंगी एमआरआई (MRI) रिपोर्ट से ज्यादा जानकारी दे सकता है। वीडियो देखकर डॉक्टर तुरंत बता सकते हैं कि यह कौन सा दौरा है।

कदम 2: खून की जाँच (Blood Tests) - बाहरी कारणों की तलाश

दिमाग की बड़ी मशीनों तक पहुँचने से पहले डॉक्टर कुछ साधारण खून के टेस्ट (Blood tests) करवाते हैं। ऐसा क्यों?

क्योंकि जैसा कि हमने पिछले अध्यायों में पढ़ा था- हर दौरा मिर्गी नहीं होता! कई बार शरीर में होने वाली कुछ आम कमियों या बीमारियों की वजह से भी दिमाग को झटका लग सकता है। खून की जाँच से डॉक्टर यह पक्का करते हैं कि कहीं दौरे का कारण इनमें से कोई तो नहीं:

- **शुगर (Blood Sugar)**: शरीर में शुगर का लेवल अचानक बहुत कम हो जाने (Hypoglycemia) से दौरा पड़ सकता है।
- **इलेक्ट्रोलाइट्स (Electrolytes)**: खून में सोडियम (नमक) या कैल्शियम की भारी कमी।
- **इन्फेक्शन (Infection)**: शरीर में कोई गंभीर इन्फेक्शन होना, जो खून के ज़रिए दिमाग तक पहुँच रहा हो।
- **किडनी या लिवर**: क्या ये अंग सही से काम कर रहे हैं?

अगर खून की जाँच बिल्कुल नॉर्मल आती है, तब डॉक्टर समझ जाते हैं कि गड़बड़ी शरीर में नहीं, बल्कि सीधे दिमाग की वायरिंग में है। इसके बाद दिमाग के दो मुख्य टेस्ट किए जाते हैं- ईईजी (EEG) और एमआरआई (MRI)।

कदम 3: ईईजी (EEG) - दिमाग की बिजली नापने की मशीन

यह मिर्गी का सबसे मुख्य टेस्ट है। ईईजी नाम सुनकर घबराने की बिल्कुल ज़रूरत नहीं है। यह एक बहुत ही साधारण, सुरक्षित और बिना दर्द वाला टेस्ट है।

यह क्या करता है?

याद करें, हमने अध्याय 1 में समझा था कि मिर्गी दिमाग की नसों में होने वाला 'शॉर्ट सर्किट' है। ईईजी वह मशीन है जो इसी शॉर्ट सर्किट को पकड़ती है। जैसे दिल की धड़कन और उसकी गति नापने के लिए छाती पर ईसीजी (ECG) किया जाता है, बिल्कुल वैसे ही दिमाग की नसों में बहने वाली हल्की-हल्की बिजली (Electrical waves) को नापने के लिए ईईजी किया जाता है।

यह टेस्ट कैसे होता है?

- मरीज को एक कुर्सी या बिस्तर पर लिटाया जाता है।

- टेक्नीशियन मरीज के सिर (खोपड़ी) पर कुछ छोटे-छोटे तार और गोल बटन (जिन्हें इलेक्ट्रोड्स कहते हैं) चिपकाता है। इन्हें चिपकाने के लिए एक खास तरह का जेल (Gel) या पेस्ट इस्तेमाल किया जाता है, जो बाद में पानी से आसानी से धुल जाता है।

- ये तार एक कंप्यूटर से जुड़े होते हैं।

- जब मरीज शांत लेटता है, आँखें बंद करता है या गहरी सांसें लेता है, तो कंप्यूटर की स्क्रीन पर दिमाग की तरंगें (Brain waves) लहरों के रूप में छपने लगती हैं।

- एक स्वस्थ इंसान की लहरें बिल्कुल शांत और एक समान होती हैं। लेकिन अगर किसी को मिर्गी है, तो उन लहरों के बीच-बीच में अचानक बहुत नुकीली और तेज़ कांटेदार लहरें (Spikes) दिखाई देती हैं। यही स्पाइक्स दिमाग का 'शॉर्ट सर्किट' होते हैं।

डर को दूर करें: ईईजी मशीन मरीज के दिमाग में कोई बिजली या करंट नहीं भेजती है। इसका काम सिर्फ आपके दिमाग में पहले से मौजूद प्राकृतिक करंट को 'रिकॉर्ड' करना है। इससे न तो कोई दर्द होता है और न ही कोई नुकसान।

स्लीप डिप्राइव्ड ईईजी (Sleep-Deprived EEG):

कई बार डॉक्टर मरीज को रात भर सोने नहीं देते और अगली सुबह थके हुए दिमाग के साथ उसका ईईजी करते हैं। ऐसा इसलिए किया जाता है क्योंकि नींद की कमी मिर्गी का बहुत बड़ा 'ट्रिगर' है। थके हुए दिमाग में शॉर्ट सर्किट जल्दी पकड़ में आ जाता है।

कदम 4: एमआरआई या सीटी स्कैन (MRI / CT Scan) - दिमाग की अंदरूनी फोटो

ईईजी से डॉक्टर को यह तो पता चल गया कि "शॉर्ट सर्किट (करंट की गड़बड़ी)" है, लेकिन अब यह पता लगाना बाकी है कि "क्या तारों (नसों) में कोई टूट-फूट है?" इसे देखने के लिए एमआरआई (Magnetic Resonance Imaging) या सीटी स्कैन किया जाता है।

ईईजी और एमआरआई में क्या अंतर है?

इसे ऐसे समझें: ईईजी आपके घर की 'बिजली को चेक करता है, जबकि एमआरआई आपके घर की 'दीवारों और तारों की बनावट' को चेक करता है।

एमआरआई एक बहुत ही शक्तिशाली और एडवांस 3D कैमरा है। यह मशीन दिमाग के अंदर की बहुत साफ और स्पष्ट तस्वीरें खींचती है। इन तस्वीरों को देखकर डॉक्टर यह पता लगाते हैं कि:

- क्या दिमाग में कोई पुराना घाव (Scar) है? (शायद बचपन में लगी चोट के कारण)।
- क्या दिमाग में कोई ट्यूमर (गांठ) है?

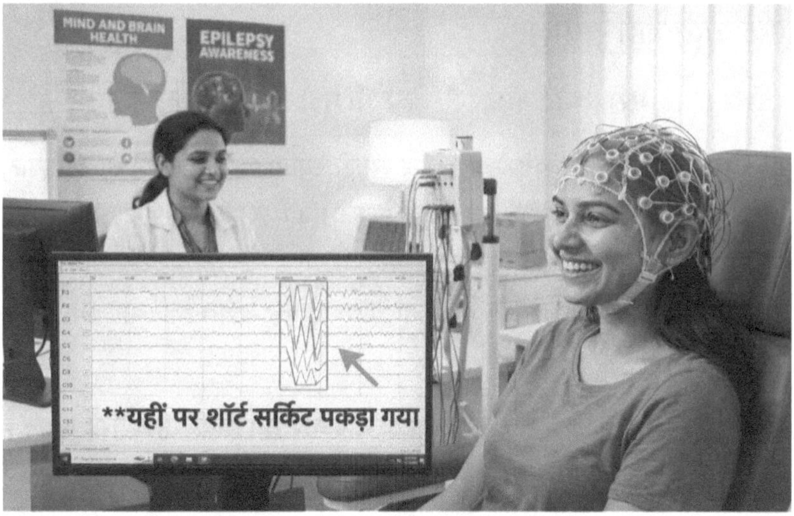

- क्या जन्म के समय दिमाग की बनावट में कोई कमी रह गई थी?
- क्या दिमाग के किसी हिस्से में खून का थक्का (Clot) जमा है?

एमआरआई कैसे होती है?

- एमआरआई की मशीन एक बहुत बड़ी और गोल सुरंग (Tunnel) जैसी होती है।
- मरीज को एक बेड पर लिटाकर धीरे-धीरे उस सुरंग के अंदर खिसकाया जाता है।
- इस टेस्ट में कोई दर्द नहीं होता, लेकिन मशीन के अंदर से बहुत तेज़ खट-खट और ठक-ठक की आवाज़ें आती हैं (जैसे कोई हथौड़ा मार रहा हो)। इस आवाज़ से बचने के लिए मरीज को इयरप्लग (कान बंद करने के रुई या कॉटन) दिए जाते हैं।
- मशीन के अंदर मरीज को सीधा और बिना हिले-डुले लेटना होता है।
- सीटी स्कैन (CT Scan) भी लगभग ऐसा ही होता है, लेकिन एमआरआई की तस्वीरें सीटी स्कैन से कहीं ज्यादा साफ और बेहतर होती हैं। मिर्गी के लिए एमआरआई को ही सबसे अच्छा माना जाता है।

एक बहुत बड़ा सवाल:

"डॉक्टर सर, मेरी रिपोर्ट नॉर्मल है, फिर भी मुझे दौरे क्यों पड़ते हैं?"

यह मिर्गी के मरीजों का सबसे आम और सबसे ज्यादा परेशान करने वाला सवाल है। कई बार मरीज का ईईजी (EEG) भी एकदम नॉर्मल आता है और एमआरआई (MRI) में भी कोई खराबी नहीं निकलती। फिर भी मरीज को भयंकर दौरे पड़ रहे होते हैं। परिवार वाले सोचने लगते हैं कि "क्या डॉक्टर गलत है?" या "क्या मरीज नाटक कर रहा है?"

सच्चाई (The Fact): मरीज कोई नाटक नहीं कर रहा है। यह पूरी तरह संभव है कि किसी इंसान को मिर्गी हो और उसकी सारी रिपोर्ट 100% नॉर्मल आएं।

ऐसा क्यों होता है? याद कीजिए शॉर्ट सर्किट का उदाहरण। मान लीजिए आपके घर का पंखा कभी-कभी शॉर्ट सर्किट करता है। लेकिन जब इलेक्ट्रीशियन (मिस्त्री) उसे चेक करने आता है, तो पंखा बिल्कुल सही चलता है। मिस्त्री कहता है कि "सब ठीक है," लेकिन आपको पता है कि यह कभी भी खराब हो सकता है।

दिमाग के साथ भी यही होता है। ईईजी टेस्ट सिर्फ 20 से 30 मिनट तक चलता है। अगर उन 30 मिनटों के दौरान दिमाग में कोई शॉर्ट सर्किट नहीं हुआ, तो मशीन उसे रिकॉर्ड नहीं कर पाएगी और रिपोर्ट नॉर्मल आएगी। एमआरआई भी केवल मोटी-मोटी खराबियां दिखाता है। दिमाग की कोशिकाएं (Cells) इतनी बारीक होती हैं कि कई बार उनकी खराबी दुनिया की सबसे एडवांस मशीन में भी दिखाई नहीं देती।

एक अच्छा न्यूरोलॉजिस्ट सिर्फ मशीनों की रिपोर्ट पर निर्भर नहीं रहता। अगर चश्मदीद गवाह से यह साबित होता है कि मरीज को दौरा पड़ा है, तो रिपोर्ट नॉर्मल होने के बावजूद मिर्गी का इलाज शुरू कर देता हैं।

ईईजी बनाम एमआरआई: दिमाग की जाँच के दो तरीके

ईईजी

(Electroencephalogram)
(EEG)

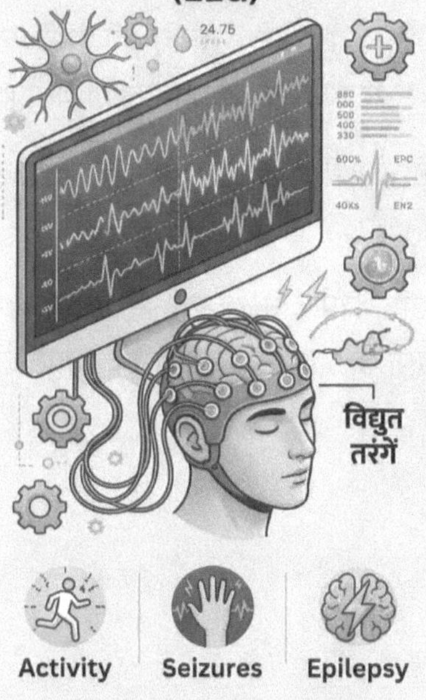

दिमाग का काम और करंट (Function & Electricity) नापता है।

एमआरआई

(Magnetic Resonance Imaging)

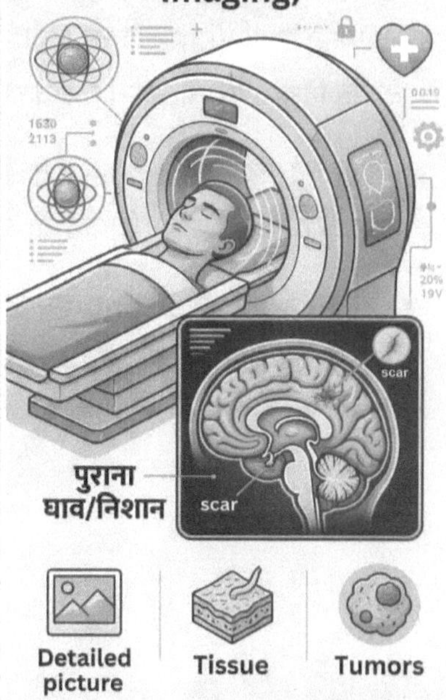

दिमाग की बनावट और घाव (Structure & Scars) दिखाता है।

मिर्गी और मस्तिष्क स्वास्थ्य की जाँच के लिए महत्वपूर्ण

मुश्किल शब्दों का आसान 'शब्दकोश'

- न्यूरोलॉजिस्ट (Neurologist): वह डॉक्टर जो दिमाग, रीढ़ की हड्डी और शरीर की नसों से जुड़ी बीमारियों का विशेषज्ञ (Specialist) होता है।

- ईईजी (EEG): 'इलेक्ट्रो-एन्सेफेलोग्राम'। यह सिर पर तार चिपकाकर दिमाग की तरंगों और नसों में बहने वाले करंट को नापने का एक साधारण सा टेस्ट है।

- एमआरआई (MRI): एक बड़ी मशीन जो मैग्नेट (चुंबक) का इस्तेमाल करके दिमाग की अंदरूनी बनावट की बिल्कुल साफ 3D फोटो खींचती है।

- इलेक्ट्रोड्स (Electrodes): वे छोटे-छोटे गोल सेंसर या बटन जिन्हें ईईजी टेस्ट के दौरान सिर पर चिपकाया जाता है।

- लेज़न / घाव (Lesion): एमआरआई रिपोर्ट में अक्सर यह शब्द पढ़ने को मिलता है। इसका मतलब है दिमाग के अंदर किसी प्रकार की चोट का निशान, धब्बा, ट्यूमर या घाव।

अध्याय - 07

मिर्गी का सम्पूर्ण और एकीकृत इलाज

(Holistic and Integrated Treatment Options)

मिर्गी का सम्पूर्ण और एकीकृत इलाज

जब किसी परिवार को यह पता चलता है कि उनके अपने को मिर्गी (Epilepsy) है, तो सबसे पहला सवाल यही उठता है- "क्या यह कभी पूरी तरह से ठीक हो पाएगी?" वहीं, खुद मरीज के मन में भी यह डर और सवाल आता है, "अब आगे क्या होगा? क्या मुझे जीवन भर सिर्फ दवाइयों के सहारे ही जीना होगा?"

इन सवालों का जवाब है: **हाँ, बिल्कुल ठीक हो सकती है!** आज के समय में चिकित्सा विज्ञान, आयुर्वेद और प्राकृतिक चिकित्सा ने इतनी तरक्की कर ली है कि मिर्गी कोई लाइलाज बीमारी नहीं रह गई है। अगर मरीज सही समय पर, सही तरीके से और पूरे अनुशासन के साथ इलाज करे, तो 70 से 80 प्रतिशत लोग पूरी तरह से दौरे-मुक्त (Seizure-free) जीवन जी सकते हैं।

यहीं पर 'एकीकृत चिकित्सा' (Integrated Medicine) की भूमिका सबसे महत्वपूर्ण हो जाती है। इस अध्याय में हम मिर्गी के इसी 'सम्पूर्ण और एकीकृत इलाज' (Holistic Treatment) पर गहराई से बात करेंगे।

'एकीकृत इलाज' का मतलब है शरीर को सिर्फ एक मशीन न मानकर, उसे पूरा एक सिस्टम मानना। इसका अर्थ किसी एक पैथी (चिकित्सा पद्धति) की जिद पर

अड़े रहना नहीं है, बल्कि मरीज के फायदे और उसके सम्पूर्ण स्वास्थ्य के लिए विज्ञान और प्रकृति का एक बेहतरीन, सुरक्षित तालमेल बनाना है।

एक न्यूरोलॉजिस्ट मुख्य रूप से आपके 'दिमाग' का इलाज करता है, लेकिन मिर्गी से पीड़ित व्यक्ति का मन, उसका आत्मविश्वास और उसका पूरा शरीर भी प्रभावित होता है। एकीकृत चिकित्सा मरीज को केवल एक 'बीमारी' के रूप में नहीं, बल्कि एक 'सम्पूर्ण इंसान' के रूप में देखती है।

इसमें हम एलोपैथी की आधुनिक दवाओं से लेकर प्राकृतिक चिकित्सा, आहार, आयुर्वेद, और योग तक के हर उस उपाय को गहराई से समझेंगे जो दिमाग के उस 'शॉर्ट सर्किट' को शांत करने में मदद करता है।

1. एलोपैथी: इलाज का पहला और मज़बूत खंभा

जब मिर्गी के इलाज की बात आती है, तो आधुनिक चिकित्सा या एलोपैथी सबसे पहली और ज़रूरी सीढ़ी है। जब दिमाग में शॉर्ट सर्किट बहुत तेज़ हो और बार-बार दौरे आ रहे हों, तो सबसे पहले उस करंट को रोकना ज़रूरी होता है, और यह काम एलोपैथिक दवाइयां बहुत खूबी से करती हैं।

एंटी-एपिलेप्टिक दवाइयां (AEDs) कैसे काम करती हैं?

मिर्गी की दवाओं को अंग्रेजी में AEDs (Anti-Epileptic Drugs) कहा जाता है। इसे एक आसान उदाहरण से समझते हैं।

मान लीजिए आपके दिमाग की नसें एक बहुत तेज़ रफ़्तार वाला हाइवे हैं। जब मिर्गी का दौरा पड़ता है, तो दिमाग की बिजली (करंट) इस हाइवे पर बिना ब्रेक की गाड़ी की तरह बेकाबू होकर दौड़ने लगती है।

एलोपैथिक दवाइयां (AEDs) इस हाइवे पर 'स्पीड ब्रेकर' का काम करती हैं। ये दवाइयां दिमाग के रसायनों (Chemicals) को इस तरह से सेट करती हैं कि दिमाग की नसों के आस-पास एक 'सुरक्षा कवच' बन जाता है। इससे नसों में पैदा होने वाली अतिरिक्त बिजली (शॉर्ट सर्किट) वहीं के वहीं रुक जाती है और पूरे दिमाग में नहीं फ़ैल पाती।

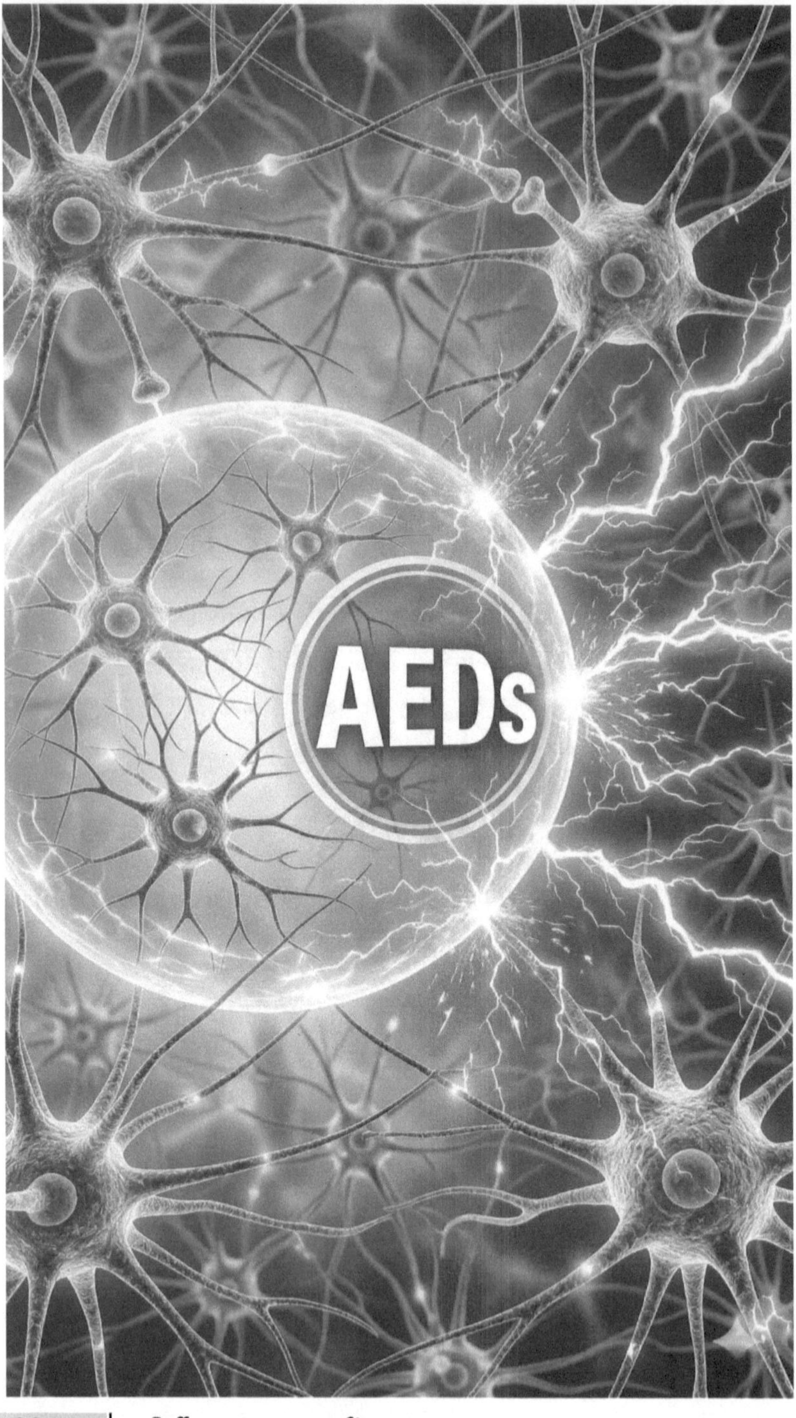
AEDs

इलाज का सुनहरा नियम (The Golden Rule):

एलोपैथी के इलाज में एक नियम पत्थर की लकीर है—"सही समय, सही मात्रा, और कोई नागा नहीं।"

- **दवा कभी न भूलें**: मिर्गी की दवा का असर शरीर में 12 से 24 घंटे तक रहता है। अगर आप एक भी खुराक (Dose) भूल जाते हैं, तो दिमाग से वह 'सुरक्षा कवच' हट जाता है और दौरा तुरंत वापस आ सकता है। अगर आपने 2 साल तक लगातार दवा खाई है और एक दिन दवा छोड़ दी, तो आपकी 2 साल की मेहनत पर पानी फिर सकता है और इलाज फिर से 'ज़ीरो' से शुरू करना पड़ सकता है।

- **इलाज कितना लंबा चलता है?** मिर्गी बुखार नहीं है जो 3 दिन की दवा से ठीक हो जाए। इसका कोर्स आमतौर पर 3 से 5 साल तक चलता है। अगर लगातार 3-4 साल तक मरीज को एक भी दौरा न पड़े, तो डॉक्टर धीरे-धीरे (महीनों का समय लेकर) दवा की पावर (Dose) कम करते हैं और अंततः दवा बंद कर देते हैं। खुद से अचानक दवा बंद करना जानलेवा हो सकता है।

जब दवाएं काम न करें (Drug-Resistant Epilepsy):

लगभग 20-30% मामलों में कई दवाइयां बदलने के बाद भी दौरे नहीं रुकते। ऐसे में आधुनिक विज्ञान के पास दो और शानदार तरीके हैं:

- **ब्रेन सर्जरी (Brain Surgery)**: अगर एमआरआई (MRI) में पता चले कि शॉर्ट सर्किट दिमाग के सिर्फ एक बहुत छोटे और बेकार हिस्से से शुरू हो रहा है, तो सर्जन ऑपरेशन करके उस छोटे से हिस्से को निकाल देते हैं। इससे मिर्गी जड़ से खत्म हो जाती है।

- **वीएनएस (Vagus Nerve Stimulation)**: यह एक छोटी सी मशीन होती है (जैसे दिल का पेसमेकर)। इसे कॉलर-बोन (गर्दन के नीचे की हड्डी) के पास त्वचा के अंदर लगा दिया जाता है। यह मशीन गर्दन की नस के ज़रिए हर कुछ मिनटों में दिमाग को एक हल्का सा शांत करंट भेजती है, जो मिर्गी के तेज़ करंट को काट देता है।

2. प्राकृतिक चिकित्सा: शरीर की अंदरूनी सफाई और संतुलन

एलोपैथी जहाँ बाहर से दवा देकर बीमारी को दबाती है, वहीं प्राकृतिक चिकित्सा (Naturopathy) इस सिद्धांत पर काम करती है कि—"शरीर के अंदर ही खुद को ठीक करने की सबसे बड़ी ताकत मौजूद है।" मिर्गी के संदर्भ में, प्राकृतिक चिकित्सा का उद्देश्य नर्वस सिस्टम (दिमाग और नसों) को शांत करना और शरीर से उन "ज़हरीले तत्वों (Toxins)" को बाहर निकालना है, जो नसों में चिड़चिड़ापन पैदा करते हैं।

हमारे पेट (Gut) और दिमाग (Brain) का सीधा कनेक्शन होता है। अगर पेट में कब्ज, गैस या गंदगी जमा है, तो उसका सीधा असर दिमाग की शांति पर पड़ता है। प्राकृतिक चिकित्सा में निम्नलिखित उपचार मिर्गी के मरीज के लिए बहुत ही लाभदायक साबित होते हैं:

1. मिट्टी चिकित्सा (Mud Therapy):

शरीर में बढ़ी हुई अत्यधिक गर्मी (Heat/Pitta) नसों को उत्तेजित करती है। प्राकृतिक साफ मिट्टी को पानी में भिगोकर मरीज के पेट (Abdomen) और माथे पर पट्टी (Mud Pack) के रूप में रखा जाता है।

यह मिट्टी शरीर की अंदरूनी गर्मी और नसों के तनाव को सोख लेती है। यह पाचन तंत्र को सुधारती है, जिसका सीधा असर दिमाग को शांत करने में होता है।

2. जल चिकित्सा (रीढ़ का स्नान):

हमारा सारा नर्वस सिस्टम (नसों का जाल) दिमाग से निकलकर हमारी रीढ़ की हड्डी (Spinal Cord) से होकर पूरे शरीर में जाता है।

प्राकृतिक चिकित्सा में 'स्पाइनल बाथ' (Spinal Bath) या रीढ़ का स्नान कराया जाता है। इसमें मरीज को एक विशेष टब में लिटाया जाता है ताकि सिर्फ उसकी रीढ़ की हड्डी ठंडे या गुनगुने पानी में डूबी रहे। यह रीढ़ की हड्डी की नसों में खून के

दौरे (Blood circulation) को बढ़ाता है और दिमाग के शॉर्ट सर्किट को शांत (Relax) करने में बेहद कारगर है।

3. उपवास और डिटॉक्स:

जब हम उपवास (व्रत) करते हैं, तो हमारे शरीर की सारी ऊर्जा खाना पचाने के बजाय शरीर की मरम्मत (Repair) में लग जाती है। प्राकृतिक चिकित्सक की देखरेख में फलों के रस (जैसे पेठे का रस या लौकी का रस) पर एक-दो दिन का हल्का उपवास करने से नसों की सूजन कम होती है और दिमाग हल्का महसूस करता है।

4. पेट के कीड़ों (परजीवियों) से बचाव और जागरूकता:

जैसा कि हमने अध्याय 3 में पढ़ा कि 'टेपवर्म' (फीताकृमि) का दिमाग में जाना मिर्गी का एक बड़ा कारण बन सकता है। प्राकृतिक चिकित्सा में पेट और आंतों की सफाई (Detoxification) पर इसीलिए इतना जोर दिया जाता है, क्योंकि पेट जितना साफ रहेगा, शरीर और दिमाग उतना ही सुरक्षित रहेगा।

इस तरह के संक्रमण और मिर्गी से 100% बचा जा सकता है अगर हम अपनी दिनचर्या में कुछ साधारण नियम अपनाएं:

- **सब्जियों की सफाई**: एक बर्तन में पानी भरें। इसमें प्रति लीटर पानी पर 1 से 2 बड़े चम्मच 'बेकिंग सोडा' अच्छी तरह मिला लें। अपनी सभी सब्जियों और फलों को इस पानी में 12 से 15 मिनट के लिए पूरी तरह डुबोकर छोड़ दें। बेकिंग सोडा का क्षारीय (Alkaline) स्वभाव कीटनाशकों के तेल वाले बॉन्ड को तोड़कर उन्हें सतह से अलग कर देता है।

- **साफ पानी**: पीने का पानी हमेशा साफ या फिल्टर किया हुआ हो।

- **शौच के बाद सफाई**: शौच के बाद और खाना खाने से पहले हाथों को साबुन से अच्छी तरह धोना कभी न भूलें।

नोट: इसके साथ ही इन कीड़ों को समाप्त करने के लिए किसी योग्य प्राकृतिक चिकित्सक या आयुर्वेद के जानकार बैद्य या डॉक्टर से सलाह जरूर लेना चाहिए।

3. आहार का चमत्कार: मिर्गी और कीटो डाइट

जब बात बिना दवा के मिर्गी रोकने की आती है, तो पूरी दुनिया में 'कीटो डाइट' को एक चमत्कार माना जाता है। यह कोई साधारण डाइट नहीं, बल्कि एक 'मेडिकल डाइट' है। खासकर उन बच्चों में जिनकी मिर्गी दवाओं से ठीक नहीं हो रही है, कीटो डाइट संजीवनी का काम करती है।

यह डाइट कैसे काम करती है? (आसान विज्ञान)

आम तौर पर, हमारा दिमाग ऊर्जा के लिए हमारे खाने में मौजूद 'ग्लूकोज़' (जो चीनी, रोटी, चावल, आलू आदि से मिलता है) का इस्तेमाल करता है। आप इसे एक साधारण पेट्रोल मान सकते हैं।

लेकिन जब कोई मरीज 'कीटो डाइट' पर होता है, तो उसके खाने में कार्बोहाइड्रेट (रोटी, चावल, चीनी) लगभग ज़ीरो कर दिया जाता है और फैट (घी, मक्खन, जैतून का तेल, पनीर) बहुत ज्यादा बढ़ा दिया जाता है।

जब शरीर को ग्लूकोज़ नहीं मिलता, तो वह ऊर्जा के लिए फैट (Fat) को जलाना शुरू करता है। फैट जलने पर शरीर में 'कीटोन्स' नाम का एक रसायन बनता है। अब दिमाग ग्लूकोज़ की जगह इन कीटोन्स को अपना भोजन बना लेता है।

कीटोन्स दिमाग के लिए एक 'प्रीमियम क्वालिटी का ईंधन' हैं। जब दिमाग कीटोन्स पर चलता है, तो वह बहुत शांत रहता है, उसकी नसों में स्थिरता आ जाती है और उनमें होने वाला शॉर्ट सर्किट (दौरे) जादुई रूप से कम हो जाते हैं।

कीटो डाइट का रेश्यो (Ratio):

इसमें खाने का 80 से 90 प्रतिशत हिस्सा सिर्फ 'अच्छा फैट' (Good Fat) होता है, और केवल 10 से 20 प्रतिशत हिस्सा प्रोटीन और कार्बोहाइड्रेट होता है।

चेतावनी: कीटो डाइट कोई साधारण वज़न कम करने वाली डाइट नहीं है। इसे घर पर खुद से बिल्कुल शुरू न करें। इसे एक न्यूरोलॉजिस्ट और एक विशेषज्ञ डायटीशियन की कड़ी निगरानी में ही शुरू किया जाना चाहिए।

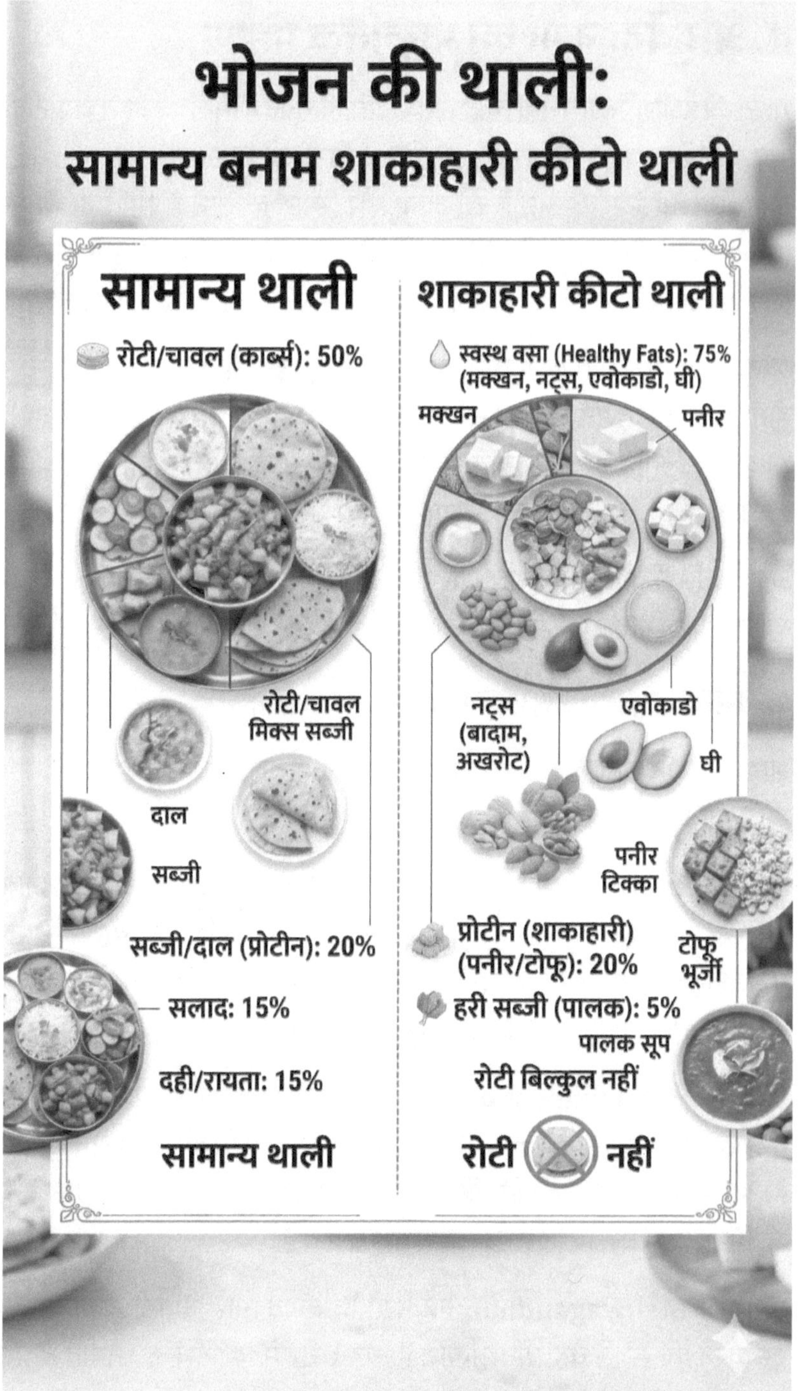
भोजन की थाली:
सामान्य बनाम शाकाहारी कीटो थाली
सामान्य थाली
रोटी/चावल (कार्ब्स): 50%
रोटी/चावल
मिक्स सब्जी
दाल
सब्जी
सब्जी/दाल (प्रोटीन): 20%
सलाद: 15%
दही/रायता: 15%
सामान्य थाली
शाकाहारी कीटो थाली
स्वस्थ वसा (Healthy Fats): 75%
(मक्खन, नट्स, एवोकाडो, घी)
मक्खन
पनीर
नट्स
(बादाम,
अखरोट)
एवोकाडो
घी
पनीर
टिक्का
प्रोटीन (शाकाहारी)
(पनीर/टोफू): 20%
टोफू
भूर्जी
हरी सब्जी (पालक): 5%
पालक सूप
रोटी बिल्कुल नहीं
रोटी नहीं

4. आयुर्वेद: नसों का प्राकृतिक पोषण

भारत की हजारों साल पुरानी चिकित्सा पद्धति, आयुर्वेद में मिर्गी का बहुत ही सटीक और वैज्ञानिक वर्णन मिलता है। आयुर्वेद में मिर्गी को 'अपस्मार' (Apasmara) कहा गया है। 'अप' का अर्थ है खो जाना और 'स्मार' का अर्थ है स्मृति या चेतना (Consciousness)। यानी वह बीमारी जिसमें इंसान की चेतना कुछ पल के लिए खो जाती है। या ये कहें मरीज को कुछ समय के लिए बेहोसी आ जाती है।

आयुर्वेद मानता है कि मिर्गी वात, पित्त और कफ- इन तीनों दोषों के बिगड़ने से होती है, लेकिन इसमें सबसे मुख्य भूमिका 'वात दोष' (Vata Dosha) की होती है। वात का संबंध हवा और गति से है। जब नसों (मज्जा धातु) में वात अनियंत्रित हो जाता है, तो शरीर में झटके और कंपन (दौरे) पैदा होते हैं।

आयुर्वेद मिर्गी को जड़ से शांत करने के लिए नसों को ताकत देने वाली जड़ी-बूटियों और पंचकर्म का सहारा लेता है:

1. चमत्कारी मेध्य रसायन (Brain Tonics):

आयुर्वेद में उन जड़ी-बूटियों को 'मेध्य रसायन' कहा जाता है जो बुद्धि और दिमाग की नसों को पोषण देती हैं।

ब्राह्मी (Brahmi): यह दिमाग की नसों को शांत करने और मानसिक तनाव (Stress) को दूर करने वाली एक बेहतरीन प्राकृतिक औषधि है।यह मस्तिष्क में इलेक्ट्रिकल सिग्नल्स (रसायनों) का संतुलन बनाए रखती है, जिससे नसों की अति-सक्रियता और दौरों की आशंका कम हो जाती है।

शंखपुष्पी (Shankhpushpi): यह एक शक्तिशाली 'ब्रेन टॉनिक' है, जो घबराहट और मानसिक थकान को दूर करके नर्वस सिस्टम को गहरा आराम देती है। यह नसों के झटकों को नियंत्रित करने और गहरी नींद लाने में मदद करती है, जो मिर्गी के मरीजों के लिए एक बहुत बड़ा बचाव है।

अश्वगंधा (Ashwagandha): यह नसों के तनाव और दिमागी थकावट को दूर करने की सबसे बेहतरीन औषधि है। यह शरीर में 'कॉर्टिसोल' (तनाव बढ़ाने

वाले हार्मोन) के स्तर को कम करती है, जिससे मिर्गी का सबसे बड़ा ट्रिगर यानी मानसिक तनाव जड़ से खत्म होता है। इसके साथ ही, यह एलोपैथिक दवाओं के कारण होने वाली सुस्ती (Lethargy) और याददाश्त की कमी को सुधारकर मरीज को दिनभर ऊर्जावान बनाए रखने में मदद करती है।

जटामांसी (Jatamansi): यह जड़ी-बूटी दिमाग को एक प्राकृतिक 'कूलिंग इफ़ेक्ट' (ठंडक) देती है और मिर्गी के साथ आने वाले डिप्रेशन या घबराहट को दूर करती है। यह दिमाग की अत्यधिक इलेक्ट्रिकल एक्टिविटी (विद्युत तरंगों) को संतुलित करती है, जो अचानक होने वाले दौरों (शॉर्ट-सर्किट) की आशंका को काफी हद तक कम कर देती है। बिना किसी नशे या भारीपन के, प्राकृतिक रूप से गहरी और सुकून भरी नींद लाने में यह एक बेहतरीन और सुरक्षित 'ब्रेन टॉनिक' का काम करती है।

नोट: इन आयुर्वेदिक दवाओं को अपनी एलोपैथिक दवाओं के साथ 'पूरक' या सपोर्टिंग मेडिसिन के रूप में लिया जा सकता है, लेकिन हमेशा दोनों पैथियों के डॉक्टरों की सलाह लेकर ही लें।

2. पंचकर्म और शिरोधारा (Shirodhara):

आयुर्वेद की शुद्धि प्रक्रिया 'पंचकर्म' मिर्गी में बहुत लाभदायक है। इसमें विशेष रूप से शिरोधारा की जाती है। इस प्रक्रिया में मरीज को एक टेबल पर लिटाया जाता है और उसके माथे पर लगातार 30 से 45 मिनट तक औषधीय तेल या छाछ (तक्रधारा) की एक पतली धार गिराई जाती है।

यह प्रक्रिया दिमाग के 'तनाव वाले हॉर्मोन' को पूरी तरह से धो डालती है और सेंट्रल नर्वस सिस्टम को इतनी गहरी शांति देती है कि दौरे पड़ने का खतरा कई गुना कम हो जाता है। इसके साथ ही, यह नसों की अति-संवेदनशीलता (Over-sensitivity) को शांत कर 'वात दोष' को संतुलित करती है, जिससे मरीज को गहरी और आरामदायक नींद आती है, जो मिर्गी के इलाज में संजीवनी का काम करती है।

5. योग और प्राणायाम: सांसों से दिमाग का संतुलन

हम अध्याय 3 में पढ़ चुके हैं कि 'तनाव' और 'घबराहट' मिर्गी के दौरे के सबसे बड़े ट्रिगर (माचिस की तीली) हैं। और दुनिया में तनाव को खत्म करने की सबसे बेहतरीन दवा कोई गोली नहीं, बल्कि 'योग' है।

योग सिर्फ शरीर को मोड़ने का नाम नहीं है, यह सांसों के ज़रिए दिमाग को कंट्रोल करने का विज्ञान है। मिर्गी के मरीजों के लिए योग अमृत के समान है, लेकिन इसमें कुछ बहुत ही गंभीर सावधानियां बरतनी ज़रूरी हैं।

कौन से योगासन फायदेमंद हैं? (Safe Asanas)

मिर्गी के मरीज को ऐसे आसन करने चाहिए जो खून को आराम से दिमाग तक ले जाएं और रीढ़ की हड्डी को लचीला बनाएं।

- **शवासन (Corpse Pose)**: यह आसन शरीर के हर एक अंग को पूरी तरह से ढीला करके पूरे नर्वस सिस्टम को गहराई से 'रीसेट' (Reset) करने का काम करता है। शारीरिक और मानसिक थकान मिटने से दिमाग पूरी तरह शांत हो जाता है, जिससे तनाव के कारण होने वाले दौरों (शॉर्ट-सर्किट) का खतरा काफी कम हो जाता है। यह अभ्यास शरीर के 'पैरासिम्पेथेटिक नर्वस सिस्टम' (आराम पहुँचाने वाले तंत्र) को तुरंत सक्रिय करता है, जिससे दिल की धड़कन और सांसों की गति सामान्य व गहरी हो जाती है। लंबे समय तक इसे करने से मरीज के मन में बसा मिर्गी का डर, एंग्जायटी (घबराहट) और नकारात्मक विचार दूर होने लगते हैं। सच कहा जाए तो शवासन केवल एक शारीरिक विश्राम नहीं है, बल्कि यह मस्तिष्क की अति-संवेदनशील नसों को प्राकृतिक रूप से 'हील' (Heal) करने का सबसे शक्तिशाली तरीका है।

- **बालासन (Child's Pose)**: घुटनों के बल बैठकर सिर को ज़मीन से लगाने की यह आसान मुद्रा मस्तिष्क में रक्त संचार बढ़ाती है और एंग्जायटी (घबराहट) को तुरंत दूर करती है। इस आसन के अभ्यास से दिमाग को गहरा सुकून मिलता है, जो मिर्गी के सबसे बड़े ट्रिगर यानी मानसिक तनाव को जड़ से खत्म करने में बेहद मददगार है।

सुखासन

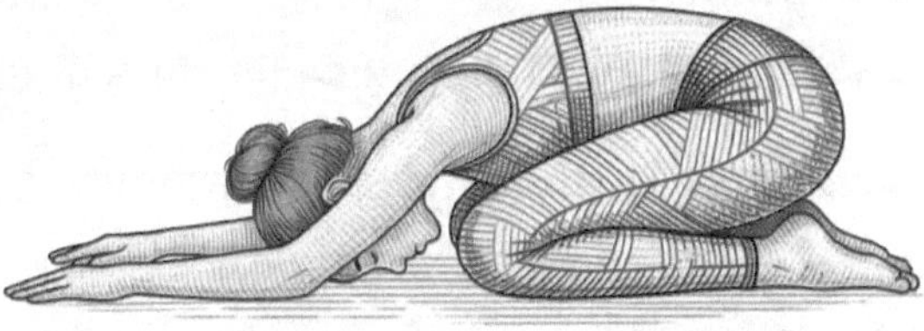

बालासन (Child's Pose)

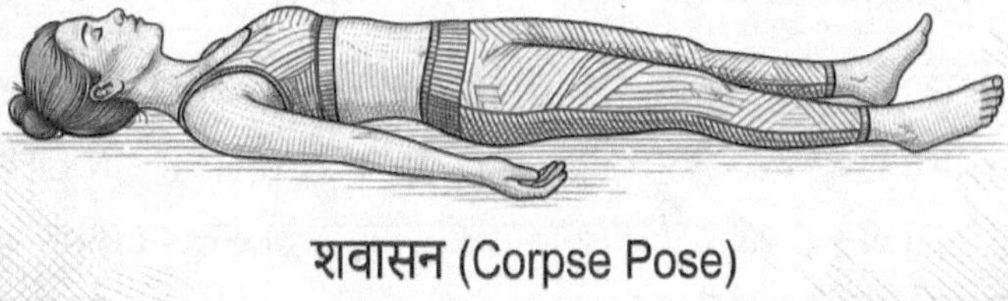

शवासन (Corpse Pose)

- **सुखासन या पद्मासन (ध्यान के लिए)**: ये आसन नर्वस सिस्टम को स्थिर करते हैं और दिमाग को गहरी शांति प्रदान करके मानसिक तनाव व घबराहट को दूर करते हैं। चूंकि 'तनाव' मिर्गी का एक बहुत बड़ा ट्रिगर (कारण) है, इसलिए इन आसनों में बैठकर रोज़ाना ध्यान करने से दिमाग शांत रहता है और शॉर्ट-सर्किट (दौरे) का खतरा काफी कम हो जाता है।

प्राणायाम: सांसों का जादू

हमारी सांस का सीधा संबंध दिमाग से है। जब हम डरते हैं तो सांस तेज़ हो जाती है, जब हम शांत होते हैं तो सांस धीमी हो जाती है। मिर्गी के मरीजों को 'पैरासिम्पेथेटिक नर्वस सिस्टम' को जगाना होता है।

- **अनुलोम-विलोम (Nadi Shodhana)**: एक नाक से सांस लेना और दूसरी से छोड़ना। यह दिमाग के दाएँ और बाएँ, दोनों हिस्सों (Hemispheres) में तालमेल बिठाता है और शॉर्ट सर्किट को रोकता है। इसके नियमित अभ्यास से मस्तिष्क के हर हिस्से तक शुद्ध ऑक्सीजन का प्रवाह बढ़ता है, जिससे नसों की कमजोरी और मानसिक तनाव प्राकृतिक रूप से दूर होता है।

- **भ्रामरी प्राणायाम (Bee Breath)**: कान बंद करके भौंरे (Bee) की तरह 'हम्म्म्' (Humming) की आवाज़ निकालना। इस आवाज़ की कंपन सीधा दिमाग की नसों की मालिश करती है और उन्हें शांत करती है। यह ध्वनि तरंगें मन की घबराहट (Anxiety) और विचारों की उथल-पुथल को तुरंत रोककर मरीज को गहरी और बाधारहित नींद दिलाने में बहुत मदद करती हैं।

सबसे बड़ी सावधानी (क्या न करें):

मिर्गी के मरीजों को कपालभाति, भस्त्रिका या कोई भी ऐसा प्राणायाम बिल्कुल नहीं करना चाहिए जिसमें बहुत तेज़ी से या झटके से सांस ली और छोड़ी जाती हो। तेज़ सांस लेने से शरीर में कार्बन डाइऑक्साइड का संतुलन बिगड़ जाता है, जो दिमाग की नसों को भड़का कर तुरंत मिर्गी का दौरा (Seizure) ला सकता है। हमेशा धीमी, गहरी और शांत सांस वाले प्राणायाम ही करें। क्योंकि मरीज को कोई भी शारीरिक या मानसिक स्ट्रेस देना ठीक नहीं है।

6. होम्योपैथी: मूल कारण का इलाज

जब बात सम्पूर्ण इलाज की हो रही हो, तो होम्योपैथी का ज़िक्र भी ज़रूरी है। होम्योपैथी एक बहुत ही सुरक्षित, सौम्य (Gentle) और बिना साइड-इफ़ेक्ट वाली चिकित्सा पद्धति है। जहाँ आधुनिक चिकित्सा बीमारी के लक्षणों पर काम करती है, वहीं होम्योपैथी व्यक्ति के मन, शरीर और भावनाओं की गहराइयों तक जाती है।

होम्योपैथी इस बात पर यकीन नहीं करती कि 'मिर्गी की एक फिक्स दवा है जो सबको दी जाए।' इसके बजाय, होम्योपैथिक डॉक्टर मरीज की पूरी 'कॉन्स्टिट्यूशनल' (Constitutional) स्टडी करते हैं। इसका मतलब है कि वे सिर्फ बीमारी का नहीं, बल्कि 'बीमार व्यक्ति' का अध्ययन करते हैं।

वे बहुत बारीकी से देखते हैं कि मरीज का मूल स्वभाव कैसा है? उसे गुस्सा, चिड़चिड़ापन या डर कितना लगता है? उसका शरीर आमतौर पर ठंडा रहता है या गर्म? उसके दौरे किस समय (सुबह, शाम या रात को सोते समय) ज्यादा आते हैं? क्या अतीत में (विशेषकर बचपन में) उसे कोई गहरा मानसिक आघात, अचानक लगा कोई डर, या कोई गहरा शोक पहुँचा था?

इन सब सूक्ष्म लेकिन बेहद महत्वपूर्ण बातों को समझकर जो एक विशेष दवा तैयार की जाती है, वह मरीज की 'जीवनी शक्ति' (Vital Force) और रोग प्रतिरोधक क्षमता को अंदर से मज़बूत करती है।

होम्योपैथिक दवाओं की सबसे अच्छी बात यह है कि ये नसों को बिना सुन्न किए या बिना सुस्ती लाए दिमाग को शांत करती हैं। यह नर्वस सिस्टम की अति-संवेदनशीलता को कम करके बीमारी को जड़ से उखाड़ने में एक बेहतरीन और सुरक्षित 'सहायक चिकित्सा' के रूप में मदद करती है, खासकर बच्चों और बुजुर्गों के मामलों में जहाँ सौम्य इलाज की आवश्यकता होती है।

नोट: मिर्गी के गंभीर और अचानक आने वाले दौरों के मामलों में होम्योपैथी को तुरंत अपनी 'पहली या मुख्य चिकित्सा' के रूप में लेने के बजाय, इसे हमेशा एलोपैथिक दवाओं के साथ-साथ एक 'सहायक चिकित्सा' के रूप में इस्तेमाल करना ज्यादा सुरक्षित और असरदार होता है।

एक बहुत ज़रूरी चेतावनी (Disclaimer):

इस अध्याय में दी गई जानकारी आपके ज्ञान और जागरूकता के लिए है। मिर्गी एक गंभीर न्यूरोलॉजिकल विषय है। बिना अपने डॉक्टर (न्यूरोलॉजिस्ट) की सलाह के न तो कोई पुरानी दवा बंद करें और न ही कोई नया इलाज शुरू करें।

सार (Conclusion):

मिर्गी का सम्पूर्ण इलाज किसी एक 'जादुई गोली' में नहीं छुपा है। यह एक अनुशासन है।

एलोपैथी वह मज़बूत छत है जो आपको तुरंत बारिश (दौरों) से बचाती है।

प्राकृतिक चिकित्सा और आयुर्वेद वे ईंटें हैं जो आपके शरीर की दीवारों को अंदर से मज़बूत बनाती हैं।

आहार (Diet) वह सीमेंट है जो सब कुछ बांध कर रखता है।

योग वह खिड़की है जहाँ से ताज़ी हवा और शांति अंदर आती है।

जब एक मरीज इन सभी पद्धतियों का सही तालमेल बैठा लेता है, तो मिर्गी नाम का यह 'इलेक्ट्रिकल तूफान' हमेशा के लिए शांत हो जाता है और इंसान एक स्वस्थ, सामान्य और खुशहाल जीवन जी सकता है।

अध्याय 8:

महिलाओं और बच्चों में मिर्गी कुछ विशेष सावधानियां और सही देखभाल

महिलाओं और बच्चों में मिर्गी - कुछ विशेष सावधानियां और सही देखभाल

मिर्गी की बीमारी वैसे तो किसी भी उम्र या जेंडर (स्त्री/पुरुष) के व्यक्ति को हो सकती है और इसके बुनियादी नियम सबके लिए एक जैसे ही होते हैं। लेकिन, जब बात महिलाओं और छोटे बच्चों की आती है, तो स्थिति थोड़ी अलग हो जाती है।

महिलाओं के शरीर में उम्र के साथ कई हार्मोनल बदलाव आते हैं, जैसे पीरियड्स (माहवारी), गर्भावस्था (Pregnancy) और मेनोपॉज़। वहीं, बच्चों का शरीर और दिमाग अभी विकास (Growth) के चरण में होता है और उनकी दुनिया मुख्य रूप से उनके स्कूल और खेल के मैदान तक सीमित होती है।

इस अध्याय में हम बहुत ही सरल भाषा में समझेंगे कि महिलाओं और बच्चों में मिर्गी का सही प्रबंधन (Management) कैसे किया जाए, ताकि वे बिना किसी डर या रुकावट के अपने जीवन के हर पल का आनंद ले सकें।

भाग 1: महिलाएं और मिर्गी

हमारे समाज में मिर्गी से पीड़ित महिलाओं को अक्सर दोहरी लड़ाई लड़नी पड़ती है—एक अपनी बीमारी से, और दूसरी समाज की पिछड़ी हुई सोच से। सबसे

पहले हम शरीर के विज्ञान को समझते हैं और फिर सामाजिक भ्रांतियों को दूर करते हैं।

1. हार्मोन्स और मिर्गी का कनेक्शन:

कई महिलाओं में यह देखा जाता है कि उन्हें पूरे महीने कोई दौरा नहीं पड़ता, लेकिन जैसे ही उनके पीरियड्स (माहवारी) शुरू होने वाले होते हैं या चल रहे होते हैं, दौरों की संख्या अचानक बढ़ जाती है।

- **ऐसा क्यों होता है?** महिलाओं के शरीर में 'एस्ट्रोजन' (Estrogen) और 'प्रोजेस्टेरोन' (Progesterone) नाम के दो मुख्य हॉर्मोन होते हैं। जब पीरियड्स के दौरान इन हार्मोन्स का स्तर ऊपर-नीचे होता है, तो यह दिमाग की नसों को संवेदनशील बना देता है, जिससे शॉर्ट सर्किट (दौरा) होने का खतरा बढ़ जाता है।

- **मेडिकल शब्द**: विज्ञान की भाषा में इसे 'कैटामेनियल एपिलेप्सी' (Catamenial Epilepsy) कहा जाता है।

- **इलाज**: अगर किसी महिला के साथ ऐसा होता है, तो उसे एक डायरी में अपने दौरों का दिन और पीरियड्स की तारीख नोट करनी चाहिए। यह डायरी डॉक्टर को दिखाएं, डॉक्टर उन खास 4-5 दिनों के लिए दवा की खुराक (Dose) थोड़ी बढ़ा सकते हैं।

2. शादी और वैवाहिक जीवन:

"अगर लड़की को मिर्गी है, तो उसकी शादी कैसे होगी?"- यह भारत में माता-पिता की सबसे बड़ी चिंता होती है। कई बार लोग लड़के वालों से बीमारी छिपाकर शादी कर देते हैं, जिसका अंजाम बाद में बहुत बुरा होता है।

- **सच्चाई**: बीमारी को कभी न छिपाएं। मिर्गी एक पूरी तरह से कंट्रोल होने वाली बीमारी है। मिर्गी से पीड़ित एक महिला एक सामान्य, स्वस्थ और खुशहाल वैवाहिक जीवन जी सकती है।

3. गर्भावस्था (Pregnancy) - सबसे बड़ा सवाल:

क्या मिर्गी से पीड़ित महिला माँ बन सकती है? क्या दवाइयों से होने वाले बच्चे को नुकसान होगा? क्या बच्चे को भी मिर्गी हो जाएगी?

- **जवाब है**: हाँ, मिर्गी से पीड़ित 90% से अधिक महिलाएं बिल्कुल स्वस्थ और सामान्य बच्चों को जन्म देती हैं! बच्चे में मिर्गी जाने का खतरा केवल 2 से 5 प्रतिशत ही होता है।
- **प्लानिंग है सबसे ज़रूरी**: जिस तरह हम किसी लंबे सफर पर जाने से पहले अपनी गाड़ी की सर्विसिंग कराते हैं, उसी तरह मिर्गी वाली महिला को गर्भवती होने से कम से कम 6 महीने पहले अपने न्यूरोलॉजिस्ट और स्त्री रोग विशेषज्ञ (Gynecologist) से मिलना चाहिए।

सबसे बड़ी गलती (Warning):

कई बार महिलाएं गर्भवती होने की खबर सुनते ही डर के मारे मिर्गी की दवाइयां खाना बंद कर देती हैं। यह जानलेवा हो सकता है! दवाओं के थोड़े-बहुत साइड इफ़ेक्ट से बच्चे को उतना नुकसान नहीं होता, जितना नुकसान माँ को दौरा पड़ने से होता है। अगर माँ को दौरा पड़ा और वह गिर गई, या उसके पेट में ऑक्सीजन की कमी हो गई, तो बच्चे की जान जा सकती है। इसलिए, डॉक्टर से बिना पूछे दवा की एक भी गोली बंद न करें।

4. फोलिक एसिड (Folic Acid) - बच्चे का सुरक्षा कवच:

मिर्गी की दवाएं शरीर में फोलिक एसिड (एक बहुत ज़रूरी विटामिन) की कमी कर देती हैं। फोलिक एसिड बच्चे के दिमाग और रीढ़ की हड्डी के विकास के लिए बेहद ज़रूरी है। इसलिए, गर्भवती होने की प्लानिंग करने वाली महिला को डॉक्टर पहले दिन से ही फोलिक एसिड की गोली (5mg) खाना शुरू करवा देते हैं।

5. स्तनपान (Breastfeeding):

माँ का दूध बच्चे के लिए अमृत है। मिर्गी की ज्यादातर दवाओं के साथ स्तनपान कराना पूरी तरह सुरक्षित है। दूध में दवा की बहुत ही मामूली (ना के बराबर) मात्रा जाती है, जिससे बच्चे को कोई नुकसान नहीं होता।

भाग 2: बच्चे और मिर्गी

बच्चों की दुनिया बड़ों से बहुत अलग होती है। उनका आत्मविश्वास अभी बन रहा होता है। अगर किसी बच्चे को मिर्गी है, तो माता-पिता का डर स्वाभाविक है, लेकिन उस डर का असर बच्चे के बचपन पर नहीं पड़ना चाहिए।

1. बुखार के दौरे - क्या यह मिर्गी है?

अक्सर 6 महीने से 5 साल तक के छोटे बच्चों में देखा जाता है कि जब उन्हें बहुत तेज़ बुखार (102°F या उससे ऊपर) आता है, तो वे अचानक कांपने लगते हैं और उन्हें दौरा पड़ जाता है। माता-पिता डर जाते हैं कि बच्चे को मिर्गी हो गई है।

- **सच्चाई**: इसे 'फेब्राइल सीज़र' (बुखार का दौरा) कहते हैं। छोटे बच्चों का दिमाग अभी कच्चा होता है और वह शरीर के बहुत तेज़ तापमान को सह नहीं पाता, जिससे शॉर्ट सर्किट हो जाता है।

- **राहत की बात**: यह असल मिर्गी नहीं है! जैसे ही बच्चे का बुखार कम होता है, दौरा रुक जाता है। जैसे-जैसे बच्चा बड़ा (5-6 साल का) होता है, उसका दिमाग मज़बूत हो जाता है और ये दौरे हमेशा के लिए अपने आप बंद हो जाते हैं। इसके लिए आमतौर पर जीवन भर मिर्गी की दवा खाने की ज़रूरत नहीं होती।

2. स्कूल और टीचर की भूमिका:

माता-पिता अक्सर स्कूल में टीचर से बच्चे की बीमारी छिपाते हैं ताकि कोई बच्चे का मज़ाक न बनाए। यह एक बहुत बड़ी गलती है।

- टीचर को बच्चे की बीमारी के बारे में पूरी और सही जानकारी होनी चाहिए।

- **एब्सेंस सीज़र (गुमसुम हो जाना)**: हमने अध्याय 2 में पढ़ा था कि बच्चों में अक्सर 'एब्सेंस सीज़र' होता है (जिसमें वे 10-15 सेकंड के लिए बुत बन जाते हैं)। अगर टीचर को यह नहीं पता होगा, तो वह सोचेगी कि बच्चा जानबूझकर पढ़ाई में ध्यान नहीं दे रहा है और उसे सज़ा मिल सकती है। टीचर के जागरूक होने से बच्चे की बहुत मदद होती है।

3. खेलकूद और सावधानियां:

मिर्गी वाले बच्चे को घर में कैद करके न रखें। उसे भी बाकी बच्चों की तरह खेलने और जीवन जीने का पूरा हक है, बस कुछ 'स्मार्ट' सावधानियों के साथ:

- **साइकिल चलाना (Cycling)**: बच्चा आराम से साइकिल चला सकता है, लेकिन हेलमेट (Helmet) पहनना अनिवार्य होना चाहिए।

- **तैराकी (Swimming)**: क्या मिर्गी वाला बच्चा तैर सकता है? हाँ, लेकिन कभी भी अकेला नहीं! पानी में जाने पर उसके साथ हमेशा एक ऐसा बड़ा व्यक्ति (कोच या माता-पिता) होना चाहिए जिसे मिर्गी की जानकारी हो और जो दौरा पड़ने पर उसे तुरंत पानी से बाहर निकाल सके।

- **क्या न करें**: बच्चे को बहुत ऊंचाई पर अकेले चढ़ने (जैसे ऊंचे पेड़ या पहाड़ पर), या आग के बहुत पास जाने से रोकना चाहिए।

4. ओवर-प्रोटेक्शन (Over-protection) से बचें:

माता-पिता अपने बच्चे से इतना प्यार करते हैं कि वे हर समय उसे "यह मत करो, वो मत करो, गिर जाओगे" कहते रहते हैं। इसे 'ओवर-पेरेंटिंग' कहते हैं।

इससे बच्चे के मन में यह बात बैठ जाती है कि "मैं बीमार हूँ, मैं कमज़ोर हूँ और मैं दूसरों जैसा नहीं हूँ।" इस हीन भावना (Inferiority complex) से बच्चा डिप्रेशन में जा सकता है। उसे सुरक्षित माहौल दें, दवाएं समय पर दें, लेकिन उसे मानसिक रूप से एक 'सामान्य' बच्चे की तरह ही ट्रीट करें।

मुश्किल शब्दों का आसान 'शब्दकोश'

- **कैटामेनियल एपिलेप्सी (Catamenial Epilepsy)**: महिलाओं में पीरियड्स (माहवारी) के दिनों में हार्मोन्स के बदलाव के कारण दौरों का बढ़ जाना।

- **फोलिक एसिड (Folic Acid)**: एक बेहद ज़रूरी विटामिन (B9) जो गर्भवती महिला के होने वाले बच्चे के दिमाग और रीढ़ की हड्डी को स्वस्थ बनाता है।

- **फेब्राइल सीज़र (Febrile Seizure)**: छोटे बच्चों में तेज़ बुखार के कारण आने वाला दौरा, जो आमतौर पर उम्र बढ़ने के साथ खुद-ब-खुद खत्म हो जाता है और यह मिर्गी नहीं है।

सार (Conclusion):

महिलाएं और बच्चे हमारे समाज का सबसे अहम हिस्सा हैं। मिर्गी उनके सपनों, उनकी शादी, मातृत्व या उनके बचपन की उड़ान को नहीं रोक सकती। ज़रूरत है तो बस सही डॉक्टर, सही प्लानिंग, परिवार के पूरे साथ और एक सकारात्मक (Positive) सोच की।

अध्याय - 09

मिर्गी के साथ एक सामान्य जीवन जीना और मानसिक स्वास्थ्य

(Living a Normal Life and Mental Health)

मिर्गी के साथ एक सामान्य जीवन और मानसिक स्वास्थ्य

किताब के इस पड़ाव तक पहुँचते-पहुँचते हमने मिर्गी के मेडिकल पहलू को बहुत अच्छी तरह समझ लिया है—दिमाग का 'शॉर्ट सर्किट', इसके कारण, दवाइयां और प्राथमिक उपचार। लेकिन, एक इंसान सिर्फ अपनी बीमारी या अपनी मेडिकल रिपोर्ट से नहीं पहचाना जाता। वह एक जीता-जागता इंसान है जिसके अपने सपने हैं, अपना परिवार है, अपना करियर है और अपनी भावनाएं हैं।

हमारे समाज में अक्सर डॉक्टर भी सिर्फ दौरे रोकने (दवाओं) पर ध्यान देते हैं, लेकिन मिर्गी के मरीज के मन में क्या चल रहा है, उस पर बहुत कम बात होती है। इस अध्याय में हम मिर्गी के उसी 'अनदेखे दर्द' यानी मानसिक स्वास्थ्य (Mental Health) और दैनिक जीवन की चुनौतियों पर बात करेंगे। हमारा उद्देश्य यह समझना है कि मिर्गी को अपने जीवन पर हावी न होने देकर, एक खुशहाल और सामान्य जीवन कैसे जिया जाए।

भाग 1: मानसिक स्वास्थ्य - अनदेखा दर्द

मिर्गी शरीर से ज्यादा मन को थकाने वाली बीमारी हो सकती है। जब किसी व्यक्ति को मिर्गी होती है, तो उसे सिर्फ 'दौरे' का सामना नहीं करना पड़ता, बल्कि समाज के तानों, नौकरी छिनने के डर और अजीब नज़रों का भी सामना करना पड़ता है। इसके कारण दो सबसे बड़ी मानसिक समस्याएं जन्म लेती हैं:

1. एंग्जायटी और अगले दौरे का अनजाना डर:

मिर्गी का सबसे भयानक पहलू यह है कि किसी को नहीं पता होता कि अगला दौरा कब, कहाँ और किस स्थिति में पड़ जाएगा। क्या मैं सड़क पार करते समय गिर जाऊंगा? क्या ऑफिस की मीटिंग में मुझे दौरा पड़ जाएगा?

इस अनिश्चितता (Uncertainty) के कारण मरीज हर समय एक अनजाने खौफ और घबराहट (Anxiety) में जीता है। वह घर से बाहर निकलने, अकेले सफर करने या लोगों से मिलने से कतराने लगता है। उसका आत्मविश्वास टूट जाता है।

2. डिप्रेशन / अवसाद:

बार-बार दौरे पड़ने, समाज के तिरस्कार और लगातार दवाइयां खाने की वजह से कई मरीज भयंकर उदासी या डिप्रेशन का शिकार हो जाते हैं। उनके मन में अक्सर यह सवाल आता है—"मेरे साथ ही ऐसा क्यों हुआ?" या "मैं किसी काम का नहीं हूँ।"

मेडिकल कारण: आपको यह भी पता होना चाहिए कि डिप्रेशन हमेशा सिर्फ 'सोच' की वजह से नहीं होता। कई बार मिर्गी की बीमारी खुद या मिर्गी की कुछ दवाइयां (AEDs) दिमाग के उन रसायनों को बदल देती हैं जो हमें खुश रखते हैं। इसलिए यह एक मेडिकल समस्या भी है।

इससे कैसे बाहर आएं? (समाधान)

- **काउंसलिंग**: अगर आपको या आपके परिवार में किसी को मिर्गी के साथ उदासी या घबराहट महसूस हो रही है, तो इसे छुपाएं नहीं। एक मनोवैज्ञानिक (Psychologist) या काउंसलर से बात करें। मन की बात बाहर निकालने से आधा बोझ वहीं खत्म हो जाता है।

- **सपोर्ट ग्रुप**: आज के समय में इंटरनेट और अस्पतालों में ऐसे 'सपोर्ट ग्रुप' मौजूद हैं जहाँ मिर्गी के कई मरीज आपस में मिलते हैं और अपनी कहानियां साझा करते हैं। जब एक मरीज दूसरे को देखता है कि वह भी उसी संघर्ष से गुजरकर सफल जीवन जी रहा है, तो उसे बहुत हिम्मत मिलती है।

- **परिवार का साथ**: परिवार को चाहिए कि वे मरीज को ताने न मारें, न ही उस पर बहुत ज्यादा बंदिशें (Over-protection) लगाएं। उसे यह महसूस कराएं कि "हम सब तुम्हारे साथ हैं।"

भाग 2: दैनिक जीवन और कुछ ज़रूरी नियम

मिर्गी होने का मतलब यह बिल्कुल नहीं है कि इंसान को एक कमरे में बंद होकर रह जाना चाहिए। कुछ साधारण नियमों और सावधानियों का पालन करके एक मरीज बिल्कुल आम लोगों जैसा जीवन जी सकता है:

1. नौकरी और करियर (Employment and Career):

क्या मिर्गी के मरीज काम कर सकते हैं? बिल्कुल! मिर्गी आपकी बुद्धि या काम करने की क्षमता को कम नहीं करती।

- **क्या करें**: आप कंप्यूटर (IT), टीचिंग, बैंकिंग, क्लर्क, व्यापार (Business), या कला (Art) से जुड़े कोई भी काम आसानी से कर सकते हैं।

- **क्या न करें**: बस उन नौकरियों से बचना चाहिए जहाँ अचानक बेहोश होने से आपकी या दूसरों की जान जा सकती हो। जैसे- पायलट बनना, भारी मशीनें (Heavy Machinery) चलाना, बड़ी गाड़ियां (Truck/Bus) चलाना, या बहुत ऊंचाई पर (निर्माण कार्य) काम करना।

- **ऑफिस में बताकर रखें**: अपने ऑफिस के बॉस या अपने सबसे करीबी सहकर्मी (Colleague) को अपनी बीमारी के बारे में ज़रूर बताएं और उन्हें 'प्राथमिक उपचार' (अध्याय 5) की जानकारी दें। बीमारी छुपाने का तनाव दौरे का सबसे बड़ा ट्रिगर होता है।

2. ड्राइविंग (Driving) और यातायात:

- यह एक बहुत ही संवेदनशील मुद्दा है। अगर आपको अचानक दौरे पड़ते हैं, तो कार या बाइक चलाना आपके और सड़क पर चलने वाले अन्य लोगों के लिए जानलेवा हो सकता है।

• नियम क्या है? भारत और कई देशों के नियमों के अनुसार, अगर किसी व्यक्ति को लगातार 1 से 2 साल तक (दवाओं के साथ) कोई भी दौरा नहीं पड़ा है, तो वह अपने न्यूरोलॉजिस्ट से मेडिकल फिटनेस सर्टिफिकेट लेकर ड्राइविंग लाइसेंस बनवा सकता है और सामान्य रूप से गाड़ी चला सकता है।

• जब तक दौरे पूरी तरह कंट्रोल न हों, तब तक पब्लिक ट्रांसपोर्ट (बस, कैब, मेट्रो) का ही इस्तेमाल करें। इसमें कोई शर्म की बात नहीं है।

3. अकेले सफर करना (Traveling Alone):

• अगर आप अकेले बस या ट्रेन में लंबा सफर कर रहे हैं, तो:

• अपनी दवाइयां हमेशा अपने हैंडबैग (Handbag) या जेब में रखें, बड़े सूटकेस में नहीं।

• अपने साथ बैठे किसी एक समझदार सहयात्री को बता दें कि "मुझे मिर्गी की समस्या है, अगर मुझे नींद में झटके आएं तो कृपया घबराएं नहीं और बस मुझे करवट से लिटा दें।" ऐसा करने से आप एक सुरक्षित सफर का आनंद ले सकते हैं।

4. मेडिकल आईडी कार्ड - आपका रक्षक:

• हर मिर्गी के मरीज के पास हमेशा एक 'मेडिकल आईडी कार्ड' या हाथ में एक रबर का 'ब्रेसलेट' (Bracelet) होना चाहिए।

• **इस कार्ड पर बड़े अक्षरों में लिखा होना चाहिए**: "मुझे मिर्गी (Epilepsy) है।"

• इसमें आपके घर वालों के दो इमरजेंसी फोन नंबर और आपके डॉक्टर का नाम लिखा होना चाहिए। अगर आप कभी बाज़ार में या सड़क पर गिर जाएं और आप बात करने की हालत में न हों, तो यह कार्ड देखकर कोई भी अनजान व्यक्ति तुरंत आपके घरवालों को सूचित कर सकता है।

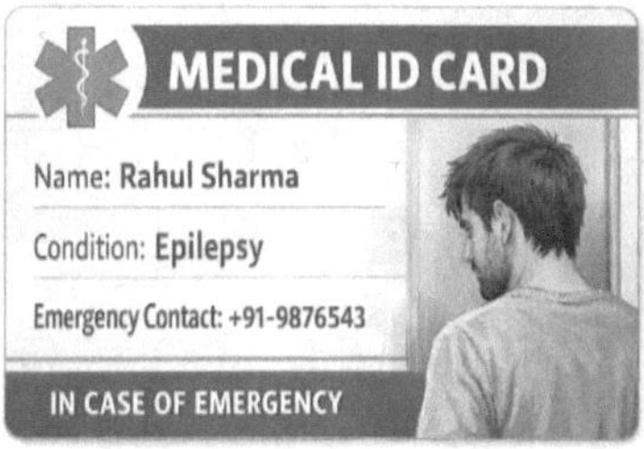

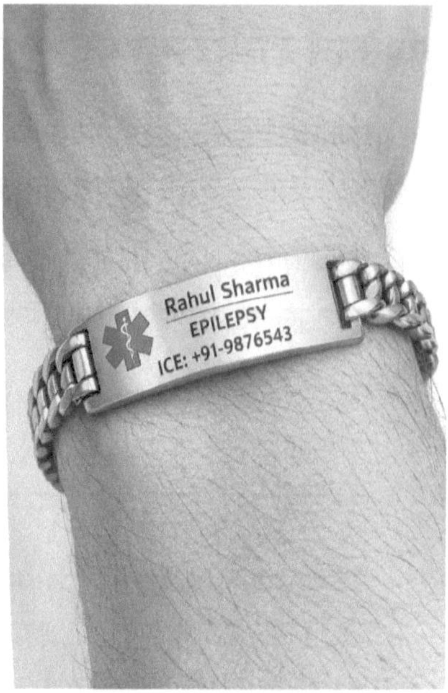

भाग 3: बीमारी को छुपायें नहीं, इसे स्वीकार करें (Acceptance)

हम अक्सर कहते हैं कि "लोग क्या कहेंगे?" लेकिन सच्चाई यह है कि जब आप खुद अपनी बीमारी को स्वीकार कर लेते हैं, तो लोगों की बातें आपको परेशान करना बंद कर देती हैं।

मिर्गी कोई कलंक नहीं है, न ही यह आपकी कोई गलती है। जिस तरह किसी को चश्मा लगा होता है, या किसी को अस्थमा होता है, वैसे ही आपको मिर्गी है- बस इतनी सी बात है! जिस दिन आप अपनी बीमारी को अपना लेते हैं, आपका आधा तनाव उसी दिन खत्म हो जाता है।

याद रखें, मिर्गी सिर्फ इस बात को तय करती है कि आपको कब दवा खानी है, यह इस बात को तय नहीं करती कि आप जीवन में कितनी बड़ी सफलता हासिल कर सकते हैं।

मुश्किल शब्दों का आसान 'शब्दकोश'

- **एंग्जायटी (Anxiety)**: बिना किसी स्पष्ट कारण के मन में लगातार रहने वाली घबराहट, चिंता या अनजाना डर।

- **डिप्रेशन (Depression)**: इसे अवसाद कहते हैं। यह लगातार रहने वाली बहुत गहरी उदासी, निराशा और किसी भी काम में मन न लगने की स्थिति है।

- **काउंसलिंग (Counselling)**: किसी प्रशिक्षित विशेषज्ञ (जैसे साइकोलॉजिस्ट) के साथ बैठकर अपनी मानसिक परेशानियों पर खुलकर बात करना और उनका वैज्ञानिक समाधान निकालना।

- **मेडिकल आईडी (Medical ID)**: एक पहचान पत्र (कार्ड या ब्रेसलेट) जिसमें मरीज की बीमारी और इमरजेंसी नंबर की जानकारी होती है, ताकि आपातकाल में अजनबी लोग भी मदद कर सकें।

अध्याय 10

प्रेरणा की एक किरण:

मिर्गी कोई रुकावट नहीं,

सफलता का आसमान आपका भी है

प्रेरणा की एक किरण:

जब किसी व्यक्ति या उसके परिवार को पहली बार पता चलता है कि उसे मिर्गी है, तो अक्सर एक गहरा डर और निराशा उन्हें घेर लेती है। मन में सवाल उठते हैं— "अब मेरे भविष्य का क्या होगा?", "क्या मैं कभी एक सफल इंसान बन पाऊंगा?", "क्या समाज मुझे स्वीकार करेगा?"

अगर आपके या आपके किसी अपने के मन में भी यही सवाल हैं, तो एक पल के लिए रुकिए और इतिहास के पन्नों को पलटकर देखिए। इतिहास गवाह है कि दुनिया को बदलने वाले कुछ सबसे तेज़ और ताकतवर दिमागों में भी यह 'शॉर्ट सर्किट' होता था। उन्होंने इस बीमारी को अपनी कमज़ोरी नहीं, बल्कि अपनी ज़िंदगी का एक छोटा सा हिस्सा मानकर स्वीकार किया और ऐसे मुकाम हासिल किए, जहाँ तक पहुँचना आम इंसानों के लिए भी एक सपना होता है।

आइए, दुनिया की कुछ ऐसी ही महान हस्तियों से मिलते हैं, जिन्होंने मिर्गी के बावजूद इतिहास में अपने नाम का डंका बजाया।

जूलियस सीज़र-एक अजेय योद्धा और सम्राट

प्राचीन रोम के सबसे महान और शक्तिशाली सम्राटों में से एक, जूलियस सीज़र को मिर्गी की बीमारी थी। उस ज़माने में इसे 'गिरने वाली बीमारी' कहा जाता था और उस समय आज जैसी कोई आधुनिक दवाइयां भी नहीं थीं।

इतिहासकार बताते हैं कि कई बार सीज़र को युद्ध के मैदान में या राजदरबार में भाषण देते समय दौरे पड़ जाते थे। लेकिन क्या इससे उनकी ताकत कम हुई? बिल्कुल नहीं! सीज़र का दिमाग इतना तेज़ था और उनकी नेतृत्व क्षमता (Leadership) इतनी कमाल की थी कि उनकी सेना उनके लिए जान देने को

तैयार रहती थी। उन्होंने मिर्गी के बावजूद आधी दुनिया पर राज किया। उनका जीवन साबित करता है कि मिर्गी किसी की लीडरशिप और बहादुरी को कम नहीं कर सकती।

अल्फ्रेड नोबेल-विज्ञान का चमकता सितारा

क्या आप सोच सकते हैं कि दुनिया का सबसे बड़ा और सम्मानजनक पुरस्कार—'नोबेल पुरस्कार' (Nobel Prize)—शुरू करने वाले महान वैज्ञानिक अल्फ्रेड नोबेल को भी मिर्गी थी?

अल्फ्रेड नोबेल ने डायनामाइट (Dynamite) का आविष्कार किया और अपने जीवनकाल में विज्ञान के क्षेत्र में 350 से ज्यादा पेटेंट हासिल किए। बचपन से ही उन्हें दौरे पड़ते थे, लेकिन उन्होंने कभी इस बीमारी को अपने प्रयोगों और पढ़ाई के बीच नहीं आने दिया। उनका जीवन इस समाज के मुंह पर एक बहुत बड़ा तमाचा है जो कहता है कि "मिर्गी वाले लोगों का दिमाग कमज़ोर होता है।" अल्फ्रेड नोबेल ने साबित किया कि मिर्गी का इंसान की बुद्धि और सोचने-समझने की क्षमता (IQ) से कोई लेना-देना नहीं है।

जोंटी रोड्स - क्रिकेट के मैदान का जादूगर

जब बात खेल और फिटनेस की आती है, तो लोग सोचते हैं कि मिर्गी का मरीज खेलकूद नहीं कर सकता। लेकिन दक्षिण अफ्रीका के महान क्रिकेटर जोंटी रोड्स ने इस भ्रांति को हमेशा के लिए तोड़ दिया।

दुनिया आज भी जोंटी रोड्स को क्रिकेट इतिहास का सबसे फुर्तीला और 'सर्वश्रेष्ठ फील्डर' मानती है। हवा में उड़कर कैच लपकना और चीते जैसी फुर्ती उनकी पहचान थी। आपको जानकर हैरानी होगी कि बचपन में जोंटी को मिर्गी की बीमारी थी। क्या उन्होंने डरकर मैदान छोड़ दिया? नहीं! उन्होंने सही इलाज लिया, अपनी फिटनेस पर आम खिलाड़ियों से दोगुना ध्यान दिया और दुनिया पर छा गए। जोंटी का सफर बताता है कि मिर्गी आपके शारीरिक विकास और खेलों में सफलता के रास्ते का कांटा नहीं है।

सुकरात - ज्ञान और दर्शन का सागर

पश्चिमी दर्शन (Western Philosophy) के पिता माने जाने वाले सुकरात का नाम दुनिया के सबसे महान विचारकों में गिना जाता है। इतिहास के पन्नों में दर्ज है कि सुकरात को भी अक्सर ऐसे दौरे पड़ते थे जिसमें वे कुछ पलों के लिए सुन्न हो जाते थे या ज़मीन पर गिर जाते थे।

लेकिन जब उनका दिमाग 'रीस्टार्ट' होता था, तो उनके विचार दुनिया को एक नई दिशा देते थे। उनके द्वारा दिए गए ज्ञान को आज भी दुनिया भर के विश्वविद्यालयों में पढ़ाया जाता है। सुकरात ने साबित किया कि दिमाग का एक छोटा सा शॉर्ट सर्किट इंसान की गहरी सोच और ज्ञान को कभी नष्ट नहीं कर सकता।

इन महान कहानियों का क्या संदेश है?

इन सभी महान लोगों की कहानियां हमें दया या सहानुभूति नहीं सिखातीं, बल्कि यह हमें तीन बहुत ही मज़बूत जीवन-मंत्र देती हैं:

1. आपका दिमाग पूरी तरह स्वस्थ है: मिर्गी कोई मानसिक बीमारी या पागलपन नहीं है। आपके पास भी एक ऐसा तेज़ और काबिल दिमाग है जो दुनिया की कोई भी पढ़ाई कर सकता है और कोई भी आविष्कार कर सकता है।

2. डर को खुद पर हावी न होने दें: अगर सीज़र ने सोचा होता कि "अगर मुझे लोगों के सामने दौरा पड़ गया तो मेरी बेइज़्ज़ती हो जाएगी," तो वह कभी सम्राट नहीं बन पाता। 'लोग क्या कहेंगे' का डर छोड़िए। दौरा आना आपके हाथ में नहीं है, लेकिन अपने सपनों के लिए लड़ना आपके हाथ में है।

3. बीमारी को स्वीकार करें, हार को नहीं: इन सभी लोगों ने अपनी बीमारी को स्वीकार किया और आगे बढ़ गए। आज हमारे पास तो दुनिया की सबसे बेहतरीन दवाइयां, बेहतरीन डॉक्टर और विज्ञान मौजूद है जो उस ज़माने में सीज़र या नोबेल के पास नहीं थे। जब वे बिना दवाइयों के इतना कुछ कर सकते हैं, तो आप सही इलाज के साथ क्या कुछ नहीं कर सकते!

अध्याय 11

डर का अंत और एक नई शुरुआत

डर का अंत और एक नई शुरुआत

इस किताब के पहले पन्ने से लेकर यहाँ तक के सफर में, हमने मिर्गी (Epilepsy) के उस खौफनाक चेहरे के पीछे छिपे असली वैज्ञानिक सच को बहुत करीब से देखा है। हमने यह जाना कि वह भयानक दिखने वाला दौरा असल में कोई 'भूत-प्रेत', 'जादू-टोना' या किसी पिछले जन्म का 'श्राप' नहीं है, बल्कि हमारे शरीर के सबसे ताकतवर हिस्से- हमारे सुपर-कंप्यूटर (दिमाग) में होने वाला एक छोटा सा 'शॉर्ट सर्किट' है।

इस किताब को लिखने का उद्देश्य आपको कोई मेडिकल डॉक्टर बनाना नहीं था, बल्कि आपको उस अज्ञानता, खौफ और अंधविश्वास के गहरे अंधेरे से बाहर निकालना था, जिसने पीढ़ियों से मिर्गी के मरीजों को समाज में सिर उठाकर जीने से रोका है। अज्ञानता अक्सर बीमारी से ज्यादा बड़ा घाव देती है। जब हम सच जान लेते हैं, तो डर अपने आप खत्म हो जाता है।

आइए, इस किताब को बंद करने से पहले, इसके 5 सबसे बड़े और सुनहरे सबक को अपने मन में हमेशा के लिए बिठा लें।

1. मिर्गी एक आम बीमारी है, कोई सामाजिक कलंक नहीं:

जिस तरह किसी इंसान की आँखें कमज़ोर होने पर वह चश्मा लगाता है, या पैंक्रियाज (Pancreas) ठीक से काम न करने पर उसे मधुमेह (Diabetes) हो जाता है, ठीक वैसे ही मिर्गी केवल नसों की एक अति-संवेदनशीलता (Over-sensitivity) है। यह किसी को भी, किसी भी उम्र में हो सकती है। इसमें शर्मिंदा होने, खुद को कोसने या इसे दुनिया से छुपाने की कोई ज़रूरत नहीं है। जिस दिन

आप इसे एक सामान्य बीमारी की तरह स्वीकार कर लेंगे, समाज भी इसे उसी नज़र से देखने लगेगा।

2. विज्ञान और दवा ही असल 'जादू' है:

कई परिवार अज्ञानता के कारण सालों तक बाबाओं, झाड़-फूंक और ताबीज़ों के चक्कर में अपनी मेहनत की कमाई और मरीज का कीमती समय बर्बाद कर देते हैं। याद रखिए, मिर्गी का इलाज सही दवाइयों में छिपा है। ये दवाइयां दिमाग के तारों पर एक 'सुरक्षा कवच' बनाती हैं। बिना एक भी दिन नागा किए, पूरे अनुशासन के साथ सही समय पर दवा लेना ही इस बीमारी को जड़ से उखाड़ फेंकने का इकलौता और सबसे प्रमाणित रास्ता है।

3. जूता या प्याज नहीं, सही फर्स्ट-एड अपनाकर जीवन रक्षक बनें:

जब किसी को दौरा पड़े, तो वह 2-3 मिनट का समय हमारी इंसानियत और हमारे ज्ञान का सबसे बड़ा इम्तिहान होता है। मरीज के मुंह में चम्मच या चाबी ठूंसना, उसे कसकर दबाना, या गंदा जूता सुंघाना जानलेवा हो सकता है। एक असली 'हीरो' वह है जो घबराए नहीं, बल्कि मरीज को बस करवट से लिटा दे (रिकवरी पोज़िशन), उसके सिर के नीचे मुलायम कपड़ा रखे और उसे ताजी हवा लेने दे। प्रकृति का नियम है कि दौरा अपने आप शांत हो जाएगा, आपको बस उस दौरान मरीज को चोट से बचाना है।

4. एकीकृत इलाज (Holistic Care) - शरीर और मन दोनों की हीलिंग:

दवाइयां दिमाग के तूफान को रोकती हैं, लेकिन शरीर को अंदर से मज़बूत बनाने का काम हमारी जीवनशैली करती है। एलोपैथिक दवाओं के साथ-साथ प्राकृतिक चिकित्सा (Naturopathy), पौष्टिक और संतुलित आहार, आयुर्वेद का ज्ञान, और योग (जैसे अनुलोम-विलोम और शवासन) इस बीमारी को हराने के सबसे

मज़बूत हथियार हैं। 7 से 8 घंटे की गहरी नींद लेना और अपने मन को तनाव (Stress) से दूर रखना, किसी भी महंगी दवा से ज्यादा असरदार साबित होता है।

5. सहानुभूति नहीं, समानता और सम्मान दें:

मिर्गी के मरीज बेचारे नहीं होते। उन्हें आपके तरस, दया या आंसुओं की कोई आवश्यकता नहीं है; उन्हें आवश्यकता है आपके सामान्य व्यवहार की। उनके परों को मत काटिए। वे दुनिया की हर मुश्किल पढ़ाई कर सकते हैं, बेहतरीन नौकरी या व्यापार कर सकते हैं, शादी करके एक बेहद खुशहाल परिवार बसा सकते हैं और आसमान की हर ऊंचाई को छू सकते हैं। उन्हें एक 'मरीज' की तरह नहीं, बल्कि एक 'इंसान' की तरह अपनाएं।

एक नई शुरुआत...

यह किताब यहाँ समाप्त होती है, लेकिन आपकी ज़िम्मेदारी यहीं से शुरू होती है। अब आप मिर्गी के बारे में सिर्फ एक पाठक नहीं हैं, बल्कि आप इस सही ज्ञान के 'ब्रांड एंबेसडर' (राजदूत) हैं।

जब अगली बार आप किसी को इस बीमारी पर अंधविश्वास फैलाते हुए सुनें, तो चुप मत रहिएगा। उन्हें विज्ञान का सच बताइएगा। यदि यह किताब समाज के एक भी व्यक्ति की सोच बदल पाती है, या किसी एक भी मरीज के होंठों पर आत्मविश्वास की मुस्कान ला पाती है, तो इसका लिखा जाना पूरी तरह से सार्थक हो जाएगा।

डर का अंत हो चुका है। अब समय है एक नई, स्वस्थ और जागरूक शुरुआत का!

अध्याय 12:

संसाधन और संदर्भ (Resources and References)

संसाधन और संदर्भ
(Resources and References)

यह पुस्तक "मिर्गी (Epilepsy): डर नहीं, जागरूकता" केवल अनुमानों पर नहीं, बल्कि प्रामाणिक चिकित्सा विज्ञान के सिद्धांतों पर आधारित है। इसे तैयार करने में मिर्गी रोग विशेषज्ञों (Neurologists) की सलाह और राष्ट्रीय व अंतरराष्ट्रीय स्वास्थ्य संगठनों की वेबसाइट्स के दिशा-निर्देशों का उपयोग किया गया है।

यदि आप मिर्गी के बारे में और अधिक गहराई से जानकारी चाहते हैं, तो नीचे दिए गए विश्वसनीय स्रोतों की वेबसाइटों पर जा सकते हैं:

1. प्रमुख स्वास्थ्य संगठन

• **विश्व स्वास्थ्य संगठन (WHO - World Health Organization)**

• उपयोगिता: मिर्गी के वैश्विक आंकड़ों और तथ्यों को समझने के लिए सबसे बड़ा स्रोत।

• वेबसाइट: https://www.who.int

1. इंटरनेशनल लीग अगेंस्ट एपिलेप्सी

• उपयोगिता: दौरों के वैज्ञानिक वर्गीकरण और बीमारी की पहचान के लिए सबसे प्रामाणिक तकनीकी स्रोत।

• वेबसाइट: https://www.ilae.org

2. इंडियन एपिलेप्सी एसोसिएशन

• उपयोगिता: भारत में मरीजों की मदद करने वाले ग्रुप, जागरूकता कार्यक्रम और सामाजिक अंधविश्वासों को दूर करने वाली जानकारी।

• वेबसाइट: https://epilepsyindia.org

3. निमहंस (NIMHANS - National Institute of Mental Health and Neurosciences), बैंगलोर

• उपयोगिता: भारत में मिर्गी के आधुनिक इलाज, जाँच (EEG/MRI) और शोध पर सबसे प्रमुख सरकारी संस्थान।

• वेबसाइट: https://nimhans.ac.in

2. जाँच, निदान और उपचार (Diagnosis, Tests & Treatment)

बीमारी की पहचान कैसे होती है और इलाज के नए तरीके क्या हैं, इसे सरल भाषा में समझने के लिए:

1. जॉन हॉपकिन्स मेडिसिन (Johns Hopkins Medicine)

• *उपयोगिता:*EEG, MRI और दिमाग की जाँच (Neuroimaging) से संबंधित जटिल बातों पर सरल लेख।

• वेबसाइट: https://www.hopkinsmedicine.org

2. मायो क्लिनिक (Mayo Clinic)

• *उपयोगिता:*मिर्गी के लक्षण, पहचान और इलाज के तरीकों पर मरीजों के लिए बहुत ही स्पष्ट और आसान जानकारी।

• वेबसाइट: https://www.mayoclinic.org

3. चार्ली फाउंडेशन (The Charlie Foundation)

• उपयोगिता: मिर्गी में दिए जाने वाले विशेष 'कीटो आहार' (Ketogenic Diet) के बारे में अंतरराष्ट्रीय जानकारी।

• वेबसाइट: https://charliefoundation.org

3. एकीकृत चिकित्सा और योग

एलोपैथी के साथ-साथ अन्य पद्धतियों का सही उपयोग समझने के लिए:

1. आयुष मंत्रालय (Ministry of AYUSH), भारत सरकार

• उपयोगिता: तनाव कम करने के लिए योग, ध्यान और आयुर्वेद के उपयोग पर सरकारी दिशानिर्देश।

• वेबसाइट: https://ayush.gov.in

2. Cochrane Reviews (Cochrane Library)

• उपयोगिता: विभिन्न वैकल्पिक चिकित्सा पद्धतियों (जैसे होम्योपैथी आदि) की मिर्गी में प्रभावशीलता पर वैज्ञानिक समीक्षाएं।

• वेबसाइट: https://www.cochranelibrary.com

4. फर्स्ट-एड और जागरूकता (First Aid & Awareness)

दौरा पड़ने पर तत्काल मदद कैसे करें और समाज में फैली भ्रांतियों को कैसे दूर करें:

1. रोग नियंत्रण और रोकथाम केंद्र (CDC - Centers for Disease Control and Prevention)

• *उपयोगिता:*दौरे के समय किए जाने वाले फर्स्ट-एड ('क्या करें, क्या न करें') के अंतरराष्ट्रीय दिशानिर्देश।

• वेबसाइट: https://www.cdc.gov

2. एपिलेप्सी फाउंडेशन (Epilepsy Foundation)

• उपयोगिता: फर्स्ट-एड की ट्रेनिंग, सामाजिक कलंक को दूर करने के लिए चलाए जा रहे जागरूकता अभियान।

• वेबसाइट: https://www.epilepsy.com

"पाठकों को सलाह दी जाती है कि वे इस पुस्तक में दी गई जानकारी को केवल शैक्षणिक उद्देश्यों के लिए मानें। अपनी व्यक्तिगत चिकित्सा स्थिति और उपचार के लिए हमेशा किसी योग्य न्यूरोलॉजिस्ट या चिकित्सक से परामर्श अवश्य करें।"

शुभकामनाएं एवं एक नई शुरुआत...

प्रिय पाठक,

आप इस पुस्तक के अंतिम पृष्ठ पर हैं, लेकिन सच कहूँ तो यह कोई 'अंत' नहीं है; यह एक निडर, जागरूक और स्वस्थ जीवन की एक 'नई शुरुआत' है।

इस पुस्तक को लिखने का मेरा सबसे बड़ा उद्देश्य केवल आपको मेडिकल जानकारी देना नहीं था, बल्कि आपके मन में बैठे उस गहरे 'डर' को बाहर निकालना था, जो सदियों के अंधविश्वास और अज्ञानता ने पैदा किया है। मुझे पूरी उम्मीद है कि इन पन्नों से गुज़रने के बाद, मिर्गी को लेकर आपका नज़रिया पूरी तरह बदल चुका होगा।

अब जब आप मिर्गी के वैज्ञानिक सच और इसके सम्पूर्ण इलाज (एलोपैथी से लेकर प्राकृतिक चिकित्सा और योग तक) को समझ चुके हैं, तो मेरी आपसे एक ही गुजारिश है— इस ज्ञान को सिर्फ अपने तक सीमित न रखें। अब आप केवल एक पाठक नहीं हैं, बल्कि समाज में 'जागरूकता के दूत' (Ambassador of Awareness) बन चुके हैं। आप इस बुक को दूसरों को भी पढ़ने के लिए प्रेरित करें। आपका यह छोटा सा कदम किसी की जान बचा सकता है और किसी के जीवन से अंधकार मिटा सकता है।

माता भगवती एवं पूज्य सदगुरुदेव जी महाराज से मेरी यही प्रार्थना है कि आपके जीवन से हर डर का अंत हो। आप और आपका परिवार हमेशा स्वस्थ, ऊर्जावान और खुशहाल रहे। दवा और दुआ के इसी खूबसूरत तालमेल के साथ, आप अपने हर सपने को पूरा करें और एक शानदार, 'दौरे-मुक्त' जीवन जिएं। सस्नेह एवं अनंत शुभकामनाओं सहित,

- बृजपाल सिंह चौहान (लेखक एवं प्राकृतिक चिकित्सा विशेषज्ञ)

www.ingramcontent.com/pod-product-compliance
Lightning Source LLC
LaVergne TN
LVHW100331210926
848480LV00003B/1306
* 9 7 9 8 9 0 4 7 9 7 4 8 5 *